Dive! into Ascension

ダイヴ! intoアセンション

次元突破 最後の90度ターン

横河サラ
Sarah Yokokawa

ヒカルランド

私たち人類はいま、
地球がアセンションする時期をともに過ごしています。
地球はすごいスピードで目覚めていて、
2000年代の初めから20年ほどの間に、
エネルギーは想像を超えるぐらいに変化しています。
ドランヴァロ・メルキゼデクはその上昇角度について
「直角に上がっている」と表現しています。
地球と人類には、ほんとうにとんでもないことが起きているのです。

この地球に起こっている大いなる宇宙的変化の波は、
人間の意識が女性性の時代に変わること、
【マインドの世界】から【ハートの世界】に変わることと
シンクロしています。

それには、ついに「キリスト意識のグリッド」が完成して、
２００８年から確実に動き始めたことが大きく関係しています。

アトランティスで起きた大事故により、
地球を囲む「キリスト意識のグリッド」は壊され、
次元間に穴があくという宇宙的大惨事になりました。
高次元存在たちによって１万３０００年かけて修復作業が行われた結果、
ついにグリッドは点灯し、現在12年目を迎えます。

私たちは、いろんなことは自分で全部決めていると思っていますが、
実はグリッドから無意識に情報をくみ上げています。

人類の多くは、二極性のグリッドに無意識にアクセスし、
脳（＝マインド）から生きてきました。

そこからいろんなマインドコントロールや
望んでいない影響を受けていたのです。

「人一倍、しあわせになりたい、人をしあわせにしたい、いいことをしたい」
それをマインドからやっている限り、かなわぬ夢だということに
多くの人が気づきはじめています。

マインドから、ハートへ――。
それは、意識の場所を、脳から、心臓へと動かすこと。

ここにきて目覚めに向かうスピリットたちが、
脳と直結している二極性の世界を生きるグリッドから離れて、
キリスト意識のグリッドにハートでつながることを
意識的に選び取ろうとしています。

母なる地球とともにアセンションするなら、
一人ひとりのエネルギー体にあるマカバと呼ばれる幾何学図形
「星型二重正四面体」を活性化しておくことが必須です。

活性化されたマカバは光に近い速度で高速回転しはじめ、
パッと花が咲くように自分の周りに
生きたエネルギーフィールドが広がります。
マカバは、次元を超えていくための乗りものです。
「マカバが活性化していないとアセンションはできません」
と、ドランヴァロははっきりと言っています。

ハートから活性化した生きたマカバは、
あなた専用のＵＦＯであり、

あなたが愛と意識をもってつながることにより、
進化のスピードにターボチャージをかけて、
驚くほどの加速をもたらしてくれます。

フラワー・オブ・ライフ
神聖幾何学を生きるとは、どういうことでしょう。

すべてのものには形（＝幾何学）があります。
幾何学はとどまることなく、つねに動いています。
波動、波形、生きている幾何学のすべてが
あなたという小宇宙を創り出しています。

それは、インプロビゼーション、即興的に起きてくる何かであり、
ダイレクトに「いまここを生きる」という言葉で表現されるものです。

神聖幾何学は外側にあるのではなく、あなた自身です。

究極は、心臓の中にある一点、
宇宙において唯一のワンネスの場所と言われる
聖なるポイントへと誘われます。

そして、「最後の90度ターン」へ――
アセンションの最終段階を迎えるそのせつな、
秘密の扉の前にあなたは立つことになります。

目次

Chapter 2
地球、太陽、あなたというスピリット

Chapter 3 ハートへの帰還

Chapter 4
ハートが脳を愛するとき

Chapter 5 マカバの真実

Chapter 6
最後の90度ターン

特別インタビュー
ダニエル・ミテル＆アガシ

カバーデザイン　櫻井 浩（⑥Design）
カバー写真　yukarimusubi
本文イラスト　emma
本文マンガ　yae works
通訳協力　五十嵐多香子
校正　鷗来堂
編集協力　宮田速記
素材協力　iStock.com/liuzishan
kovalto1
本文仮名書体　文麗仮名（キャップス）

Prologue

この本の言葉の奥には
隠された秘密の扉があります。

どうぞ、その扉を開けて
暗号を読み取って下さい。

扉の向こうへとあなたを導くツールは、
あなたの直感、感情、感覚です。

必要なことは
宇宙のタイミングへの信頼と、

自分自身への信頼。
それだけです。

そこからは、ハートの愛が動力となって、
アセンションの翼が羽ばたき、
どこまででも、あなたを連れていってくれます。

どうぞ楽しんで下さい！

Chapter 1

アセンションとは何か

アセンションの情報は世の中にあふれている

アセンションという言葉は、スピリチュアルなことに関心のある人であれば、たぶん一度ならずとも聞いたことのある言葉でしょう。いま、世の中にはアセンションに関する、それはそれは多くの情報があふれているように見受けられます。

なのですが、このタイムラインの地球を生きる私たちにとって、アセンションがいったい何を意味しているのかを的確に理解している人は意外に少ないかもしれません。なぜなら、いままさにアセンションのエネルギーの渦中にいる私たちが、このアセンションという現象を客観的に理解することは、ほとんど不可能に近いことでもあるからです。

けれども、私たちのマインドはつねに、「アセンション＝こういうことである」という解釈や解説、着地点を求めます。そのために、さまざまな憶測が飛び交い、ますますアセンションとは何なのかをわかりにくくしている感があります。

　そこで、この本では、アセンションについて私が学んだこと、理解したことをできうる限り明確にしていくのと同時に、ハートにも、細胞ひとつひとつにも共鳴し、腑に落ちるように書くことを意図しました。

ドランヴァロ・メルキゼデクによるアセンション・ワーク

　私の敬愛するマスターであるドランヴァロ・メルキゼデクは、いまという時がアセンションの時であること、そして、この大いなる変容の時に私たち人類が思い出すべきことは何なのかを伝えるために、高次元からやって来てくれた存在です。

　ですから当然のように、ドランヴァロの教えは、まさに「アセンション・ワーク」です。

　その教えの内容はと言えば、宇宙的な観点から見たアセンションのさまざまな側面についての情報、私たちの3次元に縛られた固定観念を少しずつ解き放していくためのヒント、アセンションを妨げる原因となる感情的なトラウマのヒーリング、二つの目では見ることのできないエネルギーフィールドやライトボディについての情報とその活性化……などなど、などなど。などなど。

ドランヴァロの教えとワークは、膨大かつ多岐にわたります。

私は自分が救われたかった

2007年の秋、東京で開催されたドランヴァロのワークショップに初めて参加した時は、彼の教えがアセンション・ワークであることすら、よくわからない状態でした。

その頃の私は、混乱のさなかにあって、とにかく自分自身が救われたかったのです。

彼の著書『フラワー・オブ・ライフ』[※1]に書いてある「マカバ」と呼ばれるエネルギーフィールドを回転させさえすれば、こんな私でも何とかなるんじゃないか。そんな気持ちでの参加でした。

ところが、5日間のワークショップの間じゅう、ドランヴァロという存在のエネルギーに触れ、彼の教えをシャワーのように浴びた私は、頭をスコーンと打たれたような状態になってしまいました。

※1　『フラワー・オブ・ライフ―古代神聖幾何学の秘密―』第1巻、第2巻（ナチュラルスピリット）著者：ドランヴァロ・メルキゼデク

それは、いままでの人生で出会ったことのない衝撃でした。
このとんでもなく気高く、かつ純粋で素朴で、なのに超パワフルなバイブレーションを前にして、私のちっぽけな「自分が救われたい」という願いは、もはや使えない代物であることを直感的に理解させせられてしまったのです。

とはいえ、ドランヴァロのワークショップが終了し、普段の生活に戻ると、やはり問題や悩み、不安や心配は、以前と変わらず存在していました。

もう一度、ドランヴァロのエネルギーに触れて、それがいったい何なのか、私に欠けているのは何なのかを確かめたい。そんな気持ちがつのって、私はアリゾナ州セドナで開催されるドランヴァロのワークショップに参加するようになっていきました。

そうやって、何度も繰り返しドランヴァロのエネルギーとバイブレーションに触れて、話に耳を傾けているうちに、ようやくドランヴァロが教えていることは、アセンションに特

著者とドランヴァロ・メルキゼデク

化しているワークなのだということが、おぼろげながらに見えてきたのでした。

というわけで、それ以来、私はひとつのスピリットとしての旅を続け、ほんの少しずつ成長しながら、ドランヴァロが伝えているところのアセンションについて、探求を続けています。ですから、この本に書いたことは、ドランヴァロから教えてもらったことが中心となっています。

メルキゼデク意識

メルキゼデク意識とは、いったい何なのでしょう？

メルキゼデクという言葉は、あるひとつの意識を表しています。

メルキゼデク意識の存在たちは、宇宙の中で一番宇宙のことをよく理解していて、問題を抱えている星や、地球のようにこれからスペシャルなアセンションをしていこうとしている星があったりすると、そこに赴いてサポートしてくれる存在、というのが私の理解です。いま、ドランヴァロだけではなく、何百人かのメルキゼデク意識の存在たちが地球にいて、このアセンションのプロセスをサポートしています。

ちなみに、ドランヴァロという名前は、古代ケルトの神秘学派、ドルイドの人々がつけた名前で、「小川のほとりの小さな木」という意味なのだそうです。

ドルイドの人々は、メルキゼデクがひとつの重要な側面を担う存在たちであると考え、メルキゼデクは地球の中心に住んでいると信じていました。それは、多くの先住民族の人々の考え方とも一致しています。

宇宙創造のせつなに生まれた三つの意識

宇宙の創生について、ドランヴァロはこのように説明しています。

星ひとつない真っ暗闇のヴォイド（虚空、真空、ゼロポイントなどとも呼ばれます）の中で、創造主がこの宇宙の創造に足を踏み入れたせつなに、誕生した意識が三つあります。

最初に生まれたのが、メルキゼデク意識。

そのあとに続いて、すぐに生まれたのが、キリスト意識。

そして3番目に生まれたのが、メルキゼデク意識とキリスト意識がひとつになった意識で、地球上ではこの意識に名前が付いていないのですが、ヒンドゥの教えの中では「至高の人格」とよばれています。

メルキゼデクという名前は、創造主の振動周波数そのものです。そして、メルキゼデク意識とキリスト意識は親密につながっています。そのために、イエス・キリストが地球にやってきたとき、彼は自分の教えをはじめる前に、まずメルキゼデクのアルファ・オメガ・オーダー（聖師団）のメンバーとなりました。イエスが自身のミッションを完結するためには、そうする必要があったのです。

ちなみに、メルキゼデクには72のオーダー（聖師団）がありますが、ドランヴァロは、ひとつめのアルファ・オメガ・オーダー（聖師団）と、72番目、つまり最後のオーダーであるボリビアのブラザーフッド・オブ・セブンレイズ（虹の七光線の同胞団）、この2つのみに関わっています。

誰しもが探究者――根源へと戻る旅

宇宙の進化にはサイクルがあり、スピリットは、高次元から少しずつ下方の次元へと降りていきます。いま地球にいるスピリットである私たちは、一番低いところまで降りてきた状態です。そしていま、高次元へ、根源へと戻っていく旅をはじめたところなのです。

「私たちが根源へと戻っていく旅、つまりアセンションのプロセスは、これまで宇宙の誰も見たことがないほどの、ものすごいジャンプや急激な変化をともなうものになる。でも大丈夫。私たちはちゃんとできるよ」とドランヴァロは言います。

それはまるで不可能に思えるほどのプロセスですが、決して不可能ではありません。

なぜなら、それはすでに意識の中では創造されていて、あとは現実化するだけなのですから。

また、ドランヴァロは、私たちは誰しもがメルキゼデクであり、キリストなのだと言います。みんな、メルキゼデクやキリストのエネルギーのひとつの部分であり、すべての人の内側に神が存在しています。

たとえ、スピリチュアルな旅程をほんのちょっとだけ先に行っていたり、少しだけ智識を多く持っていたとしても、またはそうでなくても、誰が上とか下とかいうことは、まったくありません。私たちは、誰しもが探求者です。

メルキゼデク意識への変容プロセス

アセンションの旅、次元上昇の旅の終わりには、私たちは根源へと戻ります。

そこで私たちはワンネスの海に戻り、ふたたび創造主とひとつになることもできますし、もう一巡、このサイクルを巡る旅に出ることもできます。どちらを選ぶのかは、あなたが自分で決めなくてはなりません。

実際にドランヴァロは、神から個として1次元まで下降し、また上昇して13次元に戻るという次元の旅を一巡したときに、「このまま神の海に戻る？　それとも、もうひと巡りする？」と聞かれて、「もう一巡してくる！」と答えたそうです。

「そのときにその人はメルキゼデクになるんだよ」とドランヴァロは言います。

もしあなたが、13次元まで行ったあと、ふたたびこのサイクルを巡る決心をすると、そのとき、あなたはメルキゼデクになるのです。すでにすべての次元を体験し、それぞれの次元の中で自分を保って生きていくことを理解しているあなたは、まるで血液の中の白血球のように、宇宙の生命に使われるようになります。

アセンションとディセンション

アセンションは「上昇する」という意味であり、ディセンションは「下降する」という意味ですが、この時代の用語としてのアセンションやディセンションは、「次元上昇する」「次元下降する」という意味合いを持っています。

ドランヴァロは、自分はディセンションしてこの地球にやって来たと言います。

それがどういうことかと言うと、13次元から徐々に次元を下降していき、プレアデスとシリウスにそれぞれ一定期間とどまり、そこで地球に来るための準備をしたのちに、巨大な宇宙船に乗ってシリウスのポータルを通り、この太陽系のヘッドクウォーターのある金星に行って、ここに来る許可を得ました。そして、最終的にウォークインという形で肉体を得てこの3次元の地球に降りて来たのです。

ウォークインとは、あらかじめ約束をかわしていたふたつのスピリットがあるタイミングで入れ替ることです。ひとつのスピリットが肉体を去るのと同時に、もうひとつのスピリットがその肉体に入るのです。

ドランヴァロは最初、この肉体にウォークインしたときに、完全に肉体の記憶だけになってしまい、自分が誰であるのかをすべて忘れてしまったそうです。

ただ、それだとお仕事にならないので、天使たちが働きかけて、ある時すべてを思い出したのですが、最初に思い出したのは「父の愛」だったと彼は言っています。

ドランヴァロは、「次元を上昇して行くよりも、下降して来る方がよっぽど大変なんだよ」と言いますが、いまアセンションの渦中にいて、「いったいどうすればいいんだろう」と思っている私たちからみると、なんとも想像しがたい話ですね（笑）。

光のビーム

私たちの頭のまわりには、光のビームと呼ばれる、電磁気を帯びたエネルギーの柱のようなものが何本か存在しています。

アセンションをするためには、その中でも、45度上方を向いている光のビームが重要です。それは、ちょうどユニコーン（一角獣）のツノが生えているのと同じポイントから出ているため、**ユニコーンビーム**と呼ばれたりします。

それとは逆に、**ディセンション、つまり下降するためには、顎から45度下方に向かって出ている光のビームが必要**になります。

ユニコーンビーム

エジプトのファラオの像を思い浮かべてみて下さい。長くて一束になった髭のようなものが顎から出ているのが描かれていることがあります。イクナートン（アメンホテプ4世）の像などは、顕著ですね。あれは実は髭ではなく、イクナートンが高次元から地球に降りて来るために必要だった、ディセンションの光のビームなのです。

「もしあなたの顎から、エジプトのファラオの髭のような光のビームが出ているとしたら、それはアセンションすることを妨げてしまうから、引っ込めて下さい」とドランヴァロは言っています。

とはいえ、あまり心配する必要はないと思います。

イクナートンの像
（アメンホテプ４世）

というのは、「ATIH《エーティーアイエイチ》ワークショップ[※2]」の中で、この光のビームの活性化をおこなうので、私はいままでに何百人かの人のビームをチェックしてきています。ですが、この「ファラオビーム」が出ている人には、たった一度しかお目にかかったことがありません。

※2　ATIH（エー・ティー・アイ・エイチ）ワークショップ：2011年にドランヴァロが創設した、ハートに帰り、ハートから生きたマカバを活性化し、ハートからの創造のプロセスを思い出す、アセンションに特化したワークショップ。現在、約200名のATIHティーチャーたちが、このワークを世界中で広めている。

それでも、もし顎の先あたりにエネルギーを感じたり、むずむずしたり、ファラオビームが出ているかも、と気になるようだったら、シンプルに「引っ込みなさい」と、意図の力を使って引っ込めれば、ちゃんと引っ込みます。

そのくらい、**私たちの意図の力はパワフル**です。

その背後には、**「エネルギーは、意図にしたがう」という宇宙の法則**があるのです。

アセンションしたら、どこに行くの？

ある朝目覚めたら、外はとてもいいお天気で、気分もよく、「今日はなんてアセンション日和なんでしょう。それじゃ、私は一足お先に行きますわね。さあて、どこにアセンションして行こうかしら」……なんて風には、私たちはアセンションしないようです（笑）。

なぜなら、アセンションするのは、地球だからです。

地球は、銀河の中でガイアと呼ばれている、女性性の惑星です。ガイアはいま、アセンションのタイミングの中にいて、子どもたちである私たちは、「ねえ、私と一緒に4次元に行く？　それとも行かない？」と聞かれている状況であるとも言えます。

つまり、私たちにとって今回のアセンションとは、３次元の地球から４次元の地球へと次元上昇して行くことです。

これは、ドランヴァロだけではなく、ヒプノセラピストであり、多くの有益な情報を残してくれたドロレス・キャノンさんも、ニューアースという言葉を用いて同様のことをおっしゃっています。

地球と密接につながる

地球とともに４次元に行こうと思うのであれば、地球と密接につながっていることが、とても重要なことになります。ハートの観点からみると、それは「地球と愛しあっている」状態、ということになりますが、これについては、ユニティブレス瞑想法（67Ｐ参照）の部分で、詳しく説明していきましょう。

四次元の地球に到着すると、そこでは自分が思うことや意図すること、イメージすることが、タイムラグなしで、すぐに現実化します。

あなたが、素晴らしいこと、美しいこと、愛やよろこびにあふれたことを思い、イメージすれば、それはすぐに実現しますが、怖れや不安、心配なども、すぐに現実化してしまうのです。**ですから、タイムラグのある3次元にいる今のうちに、怖れのない状態を保てるようになっていることは、とても大切です。**

このことについては、ハートと脳の話の中でも、触れていきます。

4次元に行くための三つの選択肢

私たち人類が4次元の地球へと移行するための方法には、現在三つの選択肢があります。

ひとつめは、まさにこの本のテーマである、「アセンション」をすること。

アセンションすると、あなたはこの3次元から身体ごと消えて、4次元の地球に現れることになります。あなたはもう記憶を失うことなく、永遠のスピリットとして生きることをはじめるのです。

二つめは、「レザレクション（復活）」をすること。

レザレクション（復活）すると、あなたは死を迎えるときと同じように、いったん身体から離れます。そのあと、ライトボディとなって、この身体を取りに帰って来るのです。これはまさに、イエス・キリストがおこなった方法です。

そして三つめは、「これはみんなよく知っているし、得意だよね」とドランヴァロが言うところの方法です。それは、「死ぬ」ことです。

死ぬ、という方法を選択すると、あなたはこの身体を3次元に置いていくことになります。そのために、死ぬたびにまた身体を取りに、ここに帰って来なくてはなりません。そのたびに記憶はリセットされ、また赤ちゃんの状態からやり直すことになります。そうやって私たちは、輪廻転生を繰り返してきたのです。

この中のどの方法でも、4次元に行くことができるのですが、アセンションすると、4次元の一番高い倍音である第12倍音へ、レザレクションをすると、そのひとつ下の第11倍音へ、そして、死ぬことで私たちは第10倍音へと行きます。

4次元に移行する三つの方法
アセンション　第12倍音
レザレクション（復活）　第11倍音
死ぬこと　第10倍音

次元とはオクターヴ

ここで、ドランヴァロの言うところの「次元」について、少し説明しておきましょう。ドランヴァロが「次元」というとき、それは、数学者や物理学者が定義するところの「次元」ではなく、まさに音楽のスケール（音階）と同じことを言っています。「宇宙は音楽で言い表すことができるんだよ」とドランヴァロは言います。ここでは詳しく触れませんが、次元も音楽も、つまりは周波数のことなんですね。

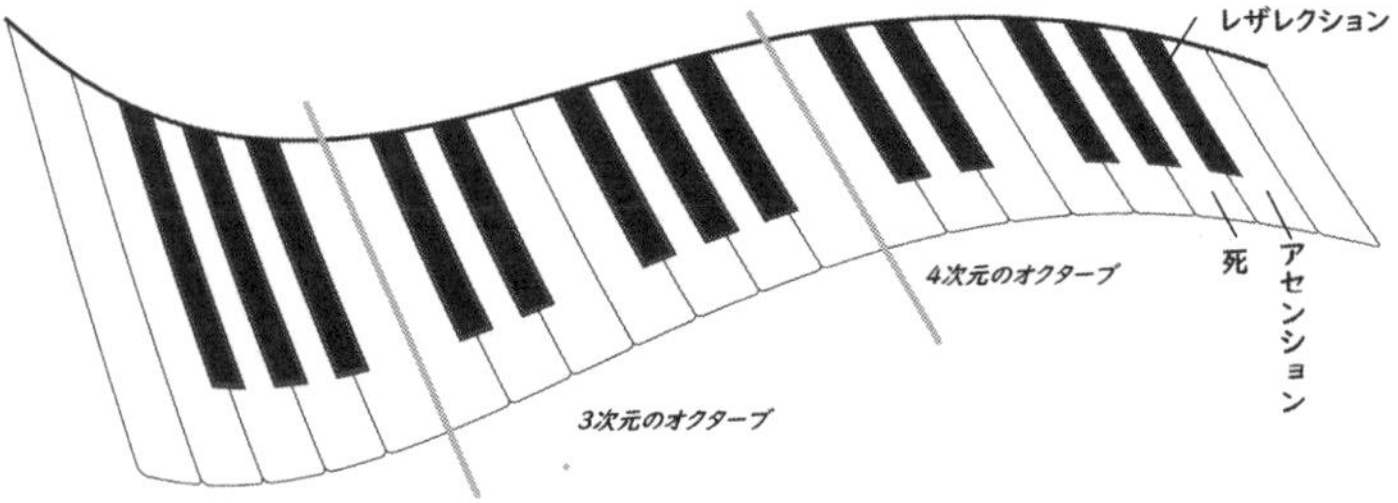

次元のオクターブ

ピアノの鍵盤を思い浮かべてみて下さい。

たとえば、中央のC（ド）の音から同じオクターヴのB（シ）の音までは、白鍵が7つ、黒鍵が5つ、合わせて12個の音からなりたっています。

宇宙もそれと同じように、ひとつの次元の中に12の倍音があります。B（シ）の音の次のC（ド）は、次の次元の第1倍音ということになります。

現在、私たちは3次元のオクターヴの中にいて、4次元のオクターヴへとジャンプしていこうとしてますが、アセンションすると4次元オクターヴの一番上の倍音であるBへ、レザレクションすれば、その半音下のB♭へ、そして死ぬことで、そのまた半音下のAに移動していくことになります。

チャクラもまた、ピアノの鍵盤で言い表すことができます。

一般的に使われている7チャクラ・システムは、ピアノの白鍵のドからシまでの音に、チャクラを当てはめたシステムと言えます。

ドランヴァロが使うのは、13チャクラ・システムですが、こちらは白鍵も黒鍵も用いたシステムで、13番目は次のオクターヴの始まりのドの音となり、それは次の次元の第一チャクラとなるのです。つまり、次元と私たちの身体は密接にリンクしています。

音楽やサウンド、つまり周波数と次元、チャクラ・システムはそのまま宇宙の構造を表していると言えます。

余談ですが、7チャクラ・システムと13チャクラ・システム、このふたつのチャクラ・システムは、まぜこぜにして使うことはできないので、「そのときどきで、どちらを使うか決めて使ってね」とドランヴァロは言っています。

生命の進化はつながりあっている

「な～んだ、どうやっても4次元のけっこう高い倍音に行くのか。それだったら、そんなに努力してまでアセンションしなくてもいいかな」なんてどうぞ思わないで下さい。なぜなら、たとえ少数であったとしても、アセンションをしていく人たちが必要なんです。

私たちの上の周波数にいる存在たちは、下にいる私たちを引っ張り上げようとし、彼らもまた、その上にいる存在たちに引っ張り上げてもらっています。4次元にいるアセンデッドマスターたちは、私たちを3次元に置き去りにしたまま、自分たちだけで5次元に行くことはできないのです。彼らもまた、私たちとともに上昇していく必要があります。この法則をよく理解しているアセンデッドマスターたちは、愛を持って私たちを見守り、進化のためのサポートを惜しみません。

このように、**生命の進化は、すべてつながって起きています。**

そして、私たちもやはり、生命の進化に寄与しています。たとえば、今とても多くの人々が、犬や猫と一緒に暮らしています。人間と交流し、影響を受けることで、犬たち猫たちが、次第に3次元特有の「個の意識」を持ちつつあることに気づいている人も多いのではないでしょうか。最近SNSなどで、二本足で立ったり、歩いたりしているワンちゃんやニャンちゃんの動画を見ることがしばしばあります。私たちは動物たちから無条件の愛を受けとり限りなく癒されますが、動物たちもまた、私たちから学び、進化しているんですね。

まさにフラワー・オブ・ライフの図形が示しているように、私たちはつながり合い、サポートし合って、この宇宙を一緒に創造しています。

時の終焉

地球はいま、アセンションのタイミングに入っていますが、実は地球だけではなく、太陽系も、天の川銀河も、そろって次元上昇するタイミングの中にいます。

そのことをマヤの人々はよく理解している、とドランヴァロは言います。彼らは、この宇宙の中心、創造の中心のことをフナク（Hunab Ku）と呼び、そのことについて明確にわかっているのです。現代科学は、ようやくそのことを理解し始めたところなのに、マヤの人々はアトランティスの時代からずっと、その智識を保持して来ています。

彼らが、このアセンションの時を「エンド・オブ・タイムス（時の終焉）」と表現しているために、他のいくつかの理由とも相まって、これを「世界の終焉の時」と受けとり、人類や世界の滅亡などといった心配や不安を煽っている向きもあるのですが、そうではなく、「時の終焉」により古いサイクルが完結し、その次の日から新しいサイクルがはじまる、というのがマヤの人々が言っていることです。

マヤン・カレンダーの「時の終焉」は２０１２年12月21日、冬至の日でした。実際、この日に世界は滅亡せず、翌22日から新たなサイクルがはじまりました。それは新しい人類の誕生、言うなれば、新しい意識を持つ人類の誕生を意味しているのです。同時にそれは、約１万３０００年続いてきた男性性のエネルギーから、女性性のエネルギーへと変化していく指標のときでもありました。あなたが今回の人生で男であろうと女であろうと、私たちはそれぞれ内側に、女性性と男性性のバランスを持っています。だからと言って、その瞬間になったら、すべての人間が、突然新しい意識を持っちゃった、みたいなことにはなりませんでしたね。

私自身、その日に何かとてつもないことが起きるんじゃないかと期待してしまって、ワクワク、ドキドキしていたことを覚えていますが、それはたとえば、時計の針がぴたっと12時を指した瞬間、ということだったのでしょう。

時計の針が12時を指したからといって、その瞬間にみんなでいっせいにランチを食べるわけではなく、その前後にゆっくりと新しい人類の意識が生まれ、どこかのタイミングでシフトが起きる。そんな感じで生命の進化が起きているようなのです。

アセンションの窓は開いている

とはいえ、２０１２年12月21日は大いなる境目の日であり、お祝いの日でした。

そしてその前後の期間、アセンションの時の窓が開いている、と言われています。この窓が開いている間、私たちはアセンションするタイミングの中にいます。

ネイティブ・アメリカン、ホピ族に伝わる「アセンションの窓」についての預言があります。「ブルースター・プロフェシー（青い星の預言）」という言い伝えがあり、空に青い星が現れるとき、アセンションの窓が開く、というものです。

この、アセンションの窓を開く青い星は、２００７年10月24日の夜に目撃されました。太陽系に入ってきた小さくてスピードの速い彗星ホームズのことは、誰もたいして気にとめていませんでした。ところが、この小さな彗星は、太陽系圏内で爆発して、一時は太陽よりも大きな青い星になったのです。ドランヴァロは、ホピやマヤの人々とも話をして、これがアセンションの窓が開く知らせの青い星であったと見ています。

アセンションの窓が閉じるとき

オリオン座のベテルギウス

それでは、アセンションの窓はいつ閉じるのでしょう？　もう閉じてしまって、私たちはアセンションの機会を逃してしまったのでしょうか？　そんなことはありません。

同じくホピの人々に伝わる預言に「レッドスター・プロフェシー（赤い星の預言）」があります。

空に赤い星が現れたときにアセンションの窓が閉じる、という預言です。

冬の夜空に輝くオリオン座の三つ星を囲む四角形の左上の星は、ベテルギウスという赤く光る一等星ですが、この星は、そう遠くないうちに爆発して超新星になる可能性があると、天文学者の人たちも言っています。もしそれが起きたら、彗星ホームズ以上の天体ショーが繰り広げられるでしょう。

ベテルギウスが、ホピの預言の赤い星である可能性は大きいようです。

マヤの人々は、2012年の冬至を過ぎたら、ほどなくアセンションの窓が閉じるだろうと見ていたようですが、実際にはそれは起きませんでした。

太陽と地球のディープタントラ

ドランヴァロは冗談まじりに「地球は女性だからね。女性の考えていることは僕にはわからないよ」なんて言います。いま地球は、太陽とディープタントラの関係にあり、太陽からの愛を地球が「オッケー♡」と受け入れたときにアセンションが起きると言うのです。

「太陽から送られてくる愛」を科学的な言葉で表現すると、それは太陽から地球に送られてくる太陽フレア、ということになります。

ガイアがある朝目覚めて、「今日はなんてアセンション日和なんでしょう。さあ、今からアセンションしましょう」と言ったときが、アセンションの瞬間なのかもしれませんね。

私は長い間、ハトホルたちをチャネリングするトム・ケニオンのニュースレターを取っていますが、10年くらい前にハトホルたちが「いまのあなた方は、お湯が沸騰する少し前の状態です。沸騰したら、次にどうなるかは、もう誰にもわかりません」と言っていたことが強く印象に残っています。

いまという時は、まさにお湯が沸騰する直前、エキサイティングかつ混乱したエネルギーが世界に満ちあふれています。

太陽フレアがアセンションを引き起こす

前作『ダイヴ！ intoディスクロージャー』に登場する、米国のシークレット・スペース・プログラムに関与しているコーリー・グッド[※3]は、彼らも**太陽フレアがポールシフトやアセンションを引き起こす**ことを知っていて、真剣に探っていると言います。

彼らは、それがいつ起きるのかを何とか割り出そうとしていますが、少しずつその予報は後ろへとずれ込んでいます。「それは〇〇年に起きる」と誰かが予言したとたんに集合意識が動いて、ずれてしまう、みたいなことが起きているのではないかと感じます。

「いつ何が起きるのか知りたい」と思うのが、人間のマインドの自然な動きでしょう。けれども、いつアセンションの窓が閉じるのかは、実際には誰にもわからない、というのがほんとうのところではないかと私は思います。

コーリー・グッド

天体の動きは、私たちの3次元的、直線的な時空間のマインドの理解をはるかに超えているようです。

2019年の冬至に、この3次元から旅立たれたラム・ダス師の、「ビー・ヒア・ナウ（いま、ここに在りなさい）」という意識状態でいることだけが、アセンションの時を内側で感じとり、そのせつなに自分がどうするべきなのかわかる、という状態ではないでしょうか。

※3　コーリー・グッド：かつて米国のシークレット・スペース・プログラムに従事し、様々な宇宙生命体との外交の仕事をしてきた直感的エンパス。経験を元に、人類と宇宙存在との支配とコントロールの実態について、また高次元宇宙存在から教わった意識上昇への貴重な情報を発信している。コズミックディスクロージャー・ムーヴメントを牽引する代表的存在。

その状態でいられるかどうかは、あなたの意識がどこにあるのかに深く関係しています。

3次元バブルの中

また、地球自身はすでに4次元に入っている、という説があります。

ドランヴァロは、「人類の意識が追いついていないので、地球が3次元のバブルをつくって、そこに私たちを入れて、3次元の幻想を見させてくれているんだよ」と言います。

そう言われてみると、たしかにここ数年、私たちの感覚は少しずつ4次元的になって来ているように感じませんか。

地球のアセンションをお待たせしちゃっているのだとしたら、私たちが速やかに4次元の意識に入っていくことは、銀河的な意味合いにおいても、急務なのかもしれません。

１４４宇宙から１４５宇宙へ

ここまで書いたことだけでも、まったくもってすごい時代にこの地球で生きていると思うのですが、実は、マヤの人々も知らないアセンションのもうひとつのレイヤーがあります。**それは、この宇宙もアセンションしていくタイミングにある、ということです。**

この宇宙は１４４宇宙であり、１４５宇宙へとアセンションすることをメルキゼデク意識は知っているのです。

この宇宙のことを知り尽くしているメルキゼデク意識も、次の宇宙については何も知らないので、ドランヴァロは子どものようにワクワクしているようです。

そして、この宇宙の前にも後ろにも、果てしなく宇宙が続いている、と言うのです。

まさに、マルチヴァース（多次元宇宙）ということでしょうか。

地球、太陽系、銀河、宇宙。これらすべてがアセンションしていくという、もう頭がバ

クハツしそうなすごいことが起きている、その真っただ中に私たちは生きて、呼吸しています。

Chapter 2

地球、太陽、あなたというスピリット

地球はあなたを知っている

地球は、私たちとまったく同じように意識を持っている存在です。

そして、地球の意識は、地球の中心にあります。

ドランヴァロは、「地球は、私たちのことをとてもよく知っていて、深く、こよなく愛してくれていています。信じられないかもしれないけど、あなた方一人ひとりの名前も知っています。あなたがハートの中にさえいれば、あなたがもし、いままさに噴火しようとしている火山の噴火口にいたとしても、必ず助けてくれます」と言うのです。

この話を最初に聞いたときは、正直まだ実感が湧かずにいたのですが、ほどなくしてそれをダイレクトに体験することになったのです。

その頃の私は、混乱の真っただ中にいて、どうしたらよいのかわからずに、いろいろな個人セッションを受けては、さまざまな存在たちからアドバイスをもらうことをしていました。そんな時に、ガイアをチャネリングするペッパー・ルイスさん[※4]という女性が来日したのです。友人に誘われて彼女の講演会に行き、翌日には個人セッションの枠もあると聞いて、早速申し込みました。

ペッパーさんは、庭でゆったりしていた時にガイアに話しかけられ、「私のことをチャネリングしてほしい」と告げられたそうです。最初はびっくりして、断り続けていたそうですが、最後には決心をしてチャネリングをすることにしたのです。

ガイアが彼女に入ってくると、それまでのペッパーさんとは、身のこなし方も、喋り方も、まったく変わります。彼女によると、チャネリングをしている間は、車の後部座席でうとうとしている感じなのだそうです。

ペッパーさんに入ったガイアの意識に向かって、私は自分の悩みを打ち明けたのですが、この時に、とてもびっくりしたことが起きたのです。

それは何かというと、誰にも話したことのない、誰も知らないはずの個人的なことをガイアが当たり前のように知っていたことでした。ちょっと度肝を抜かれたのですが、ガイアとの会話はそのまま自然に進みます。ガイアは、こうしたらよい、とか、こうするべき、などとは一切言わずに、まるで母親が娘の悩みごとを聞くように私の話を聞き、

※4　ペッパー・ルイス（Pepper Lewis）：母なる大地ガイアのチャネラーとして、ガイアのユニークで深い智恵とガイダンスに富んだメッセージを伝えている。邦訳されている著書に『地球の魂「ガイア」の教え』（幻冬舎）がある。

「いま、あなたは自分の中心にいないのよ。地面に枝で円を描いて、その中にポンと入ってごらんなさい」というアドバイスをくれたのです。

巷のいわゆるスピリチュアルな方法と比べると、「なんだかシンプルな方法だな～」と思ったのですが、家に帰ってから言われたままにやってみると、不思議なくらい自然に、すーっと自分の意識が中心に戻っていくのがわかりました。

ネイティブ・アメリカンや世界の先住民族の人々がおこなうセレモニーなどは、すべて自然と深く結びついています。テクノロジーに囲まれて生きている私たちは、日ごろ忘れてしまいがちなことですが、私たちは地球とともに生きて、呼吸をしています。その私たちにとって、スピリチュアリティの基本は、つねに地球とその自然の中にあるのかもしれません。

このびっくり体験によって、ガイアが意識体であること、そして彼女が私たちをとても、とても深く愛してくれていることを実感し、理解できたのです。

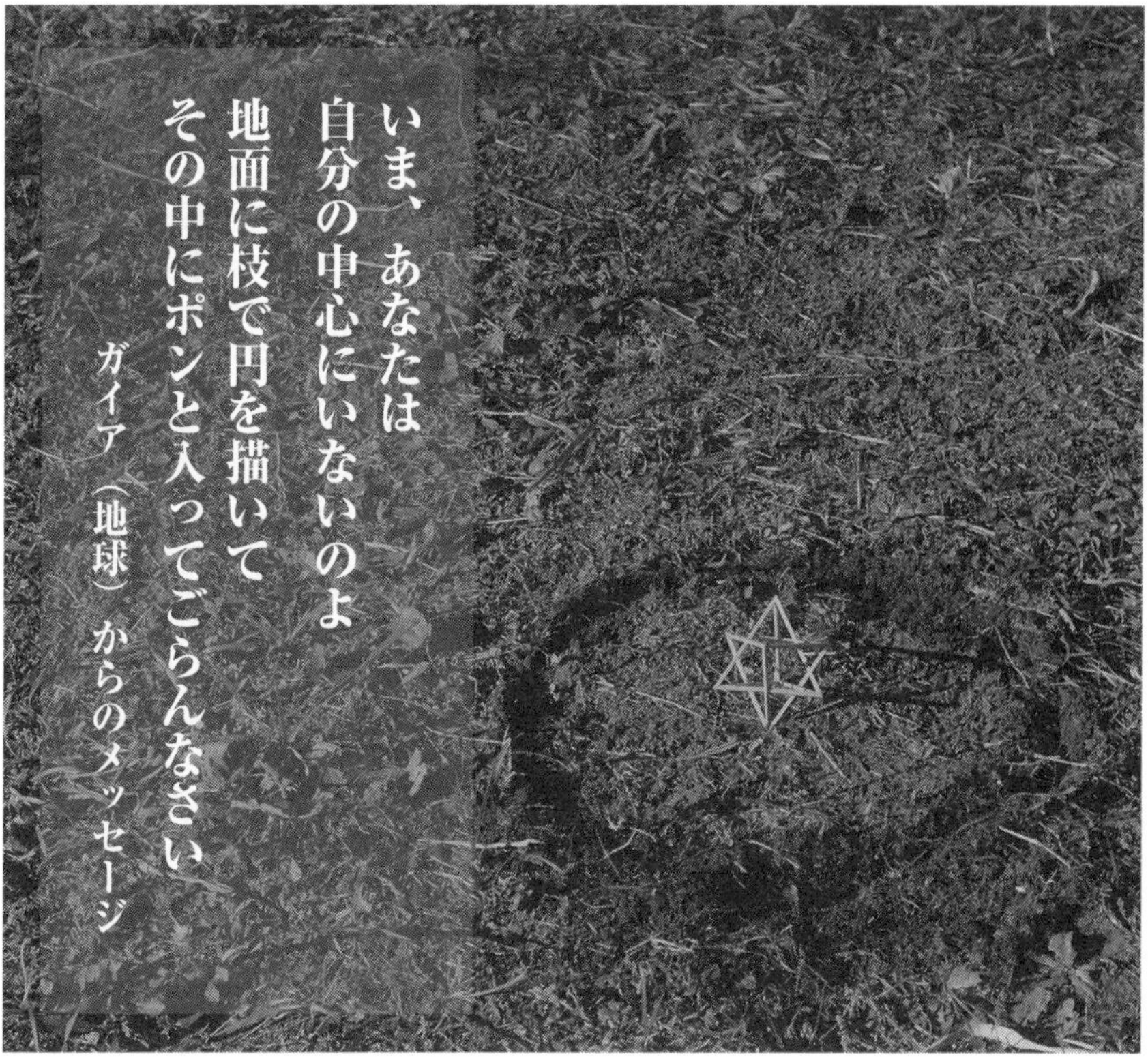
いま、あなたは
自分の中心にいないのよ
地面に枝で円を描いて
その中にポンと入ってごらんなさい
ガイア（地球）からのメッセージ

アーシング〜地球と物理的にもつながる

ドランヴァロは、瞑想の中だけではなく、物理的にも地球とつながることを勧めています。そして、かなり以前から、自身のワークショップの中で「アーシング」という科学のことを紹介していました。

アーシングとは、文字通り「アースを取る」ことです。

冷蔵庫や洗濯機用のコンセントからは、アースを取れるようになっていますが、こういった電気製品にはプラスの電気が帯電して、触るとバチっとなったり、危険だったりするために、地中に電気を逃すための仕組みです。

人間の身体もこれとまったく同じで、建物の中に居たり、靴を履いて歩いていることで、地面から絶縁されて、身体の中にプラスイオンが帯電してしまっているのです。

これは、シンプルに素足や素手で地面に触れることによって、放電できます。

アーシングでは「毎日40分以上素足で地面に触れていれば、病気にならない」と言っているそうですが、実際に日々の生活の中で実行するのは、なかなか難しいかもしれません。そこでアーシングでは、家の中に居ながらにしてアースが取れるためのグッズや靴など、さまざまな工夫が提案されています。

ドランヴァロは「樹木は、地中に根を下ろすのと同時に、葉は太陽の滋養を受け取っているので、木々をハグするのはとてもいいよ」と言っています。

実際に木をハグしてみると、その木やガイアの声が聴こえたり、フィーリングが伝わって来たりします。ドランヴァロの瞑想は、基本的にイメージを使いますが、そのときに身体にくる感覚をとても大切にします。そこからも、身体ごと自然と一体になったり、自然に溶け込むことは、素晴らしい瞑想法のひとつであると私は感じています。

ガイアを取りまくキリスト意識のグリッド

ここ約１万３０００年のガイアの歴史は、壊れてしまったキリスト意識のグリッドの再構築の歴史とも言えます。

キリスト意識のグリッドとは、地球の周囲にある星冠正十二面体のかたちをしたエネルギー・グリッドです。このグリッドが機能していない限り、私たちは新しい意識へと入っていくことができません。つまり、このグリッドの再構築なしには、アセンションの可能性はなかったのです。

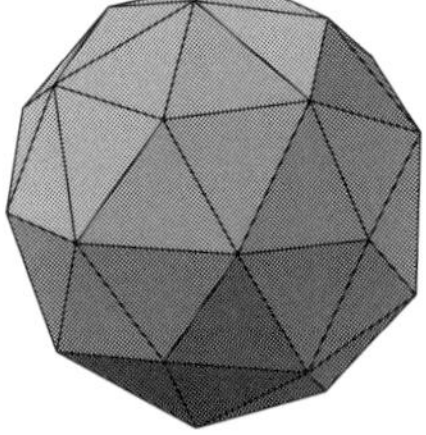
星冠正十二面体

約1万3000年前、クリスタル・シティと呼ばれる都市を持ち、高度な文明を有していたアトランティスで、人造マカバを誤って作動するという大事故が起きました。

ごく一部の火星からやって来た人たちが、この人造マカバを造った目的は、アトランティス、ひいては世界を自分たちが支配しようという、よからぬ目的のためでした。

この大事故により、地球の周囲を取り巻くキリスト意識のグリッドが壊れてしまったのです。それにより、次元間に穴が開いた状態になり、まるで掃除機で吸い込まれるように、低い次元の存在たちが次々と地球に吸い込まれて来てしまいました。彼らは、生命あるものに入らないと生存できないため、多くは人間の中に入り込み、それがつい最近まで、エンティティ（霊障）として大きな問題になっていました。

ドランヴァロをはじめ、世界中のヒーラーや、エンティティたちを元の場所に帰すことのできるエネルギーワーカーの努力のおかげで、今ではこの問題はほとんど解決しています。

マスターたちによるグリッドの再構築

この人造マカバの事故が起きたすぐ後から、アセンデッドマスターたちの必死の援助によって、なんとか地球と人類が死に絶えることは避けられましたが、アトランティス時代に高い意識を保っていた私たちの意識レベルは著しく下降し、記憶をも失ってしまった私たちは、火を起こすところから学び始めなくてはならない原始人へと逆戻りしてしまいました。

これにより、私たちは宇宙の予定表から大きく遅れを取ってしまったのです。

何とか1万3000年後のアセンションに間に合うように、アセンデッドマスターたちによるグリッドの再構築が始まりました。

まずは、トート、ラー、アララガットが、グリッドポイントとなるべき場所に、大ピラミッドを創りました。彼らは6次元の存在だったため、想念がそのまま物質化します。そのために、大ピラミッドは上から下に向かって創られていて、ピラミッドを形成している石を観察すると、上の石の方が下にある石より古いことが明らかになっています。

次に、グリッドの線が交差する場所の下に、ピラミッドや古墳、寺院、教会など、今では聖地と呼ばれる建造物が次々に造られていきました。ドランヴァロは、日本には100以上ものピラミッドがあることや、モンゴルにはほとんど誰も知らない素晴らしいピラミッドがあることに言及しています。また、聖なる山や湖、河川などの自然もそこに含まれて、キリスト意識のグリッド再構築のための、聖なるウェブが形成されていったのです。

地球上の命を守ったシリウス人の介入

1972年8月に、太陽が水素太陽からヘリウム太陽へと変化する、という大きな出来事がありました。実は、この時までにキリスト意識のグリッドが完成している必要があったのです。そうでなければ、私たちは地球ごとすべての生命とともに死に絶えてしまうほどの重大なイベントでした。ところが、1700年代の半ば頃に、アセンデッドマスターたちはグリッドの完成がそれまでにとても間に合いそうもないことに気づきました。宇宙をくまなく探しても解決策が見あたらず、万策尽きたかに思える状況の中で、たったひとつだけ私たちが助かるかもしれない方法が見つかります。

人類の父でもあり、こよなく私たちを愛しているシリウス人たちは、銀河連盟にこの方法を試してみる許可を申請します。地球上の生命が、小さな虫一匹でさえ助かる可能性がない状況だったため、シリウス人によるこの介入が許可されたのです。

シリウス人たちが私たちのためにおこなった方法は、まだ宇宙の誰も試したことがなく、しかもかなり複雑な方法でした。けれどもこの方法は、成功すれば、膨張し巨大なエネルギーを放出する太陽から私たちを守るだけでなく、人類のDNAを急速に変化させることが可能になるのです。何が起きたのかというと、約2年の間、私たちは自由意志を奪われ、シリウス人たちが構築したホログラフィックなフィールドの中で守られたのです。そしてその間にも、キリスト意識のグリッドの再構築の作業は着々と進められていました。

地球上の人間が誰も気づかないうちに、このシリウス人による試みは大成功し、私たちは急速な進化をはじめました。この私たちの進化のスピードは、いま宇宙じゅうの注目を集めています。とはいえ、いわば箱の中にいる私たちは、自分たちがそんなに急速な進化をしていることなど、気づきようもありません。

グリッド完成、そしてハートへ

そして1989年、キリスト意識のグリッドの構造は無事に完成し、私たちのアセンションへの可能性が開けました。

とはいえ、グリッドはまだ、微調整を必要としていました。ドランヴァロは、その少し前の１９８５年にトートに依頼されて、グリッドの女性性と男性性のバランスを取るための旅を始めます。世界各地でさまざまな先住民族の人々とセレモニーをおこない、最終的に２００８年にグリッドは本格的に機能し始めたのです。

いま振り返ってみると、その頃から私たちの意識は大きく変容していったことに気づかされます。２００１年には9・11ＮＹテロ事件があり、２００８年の秋にはリーマンショック、２０１１年には3・11東日本大震災が起きました。これらの事件はどれも、苦難や混乱、悲しみをもたらすものでしたが、同時に、私たちが3次元の物質的な意識を手放すきっかけともなりました。

そしていま、ハートの意識で生きることへの関心が急速に高まっています。それは、キリスト意識のグリッドにアクセスする人がどんどん増えていることの現れなのです。

コラム①「地球の周りにある人類の三つのグリッド」

グリッドとは、地球の周りに存在している電磁的、幾何学的な格子状の意識フィールドのことです。
地球上にたった２匹しかいない昆虫でさえも、彼ら特有のグリッドを有していて、そのグリッドのかたちは、その昆虫の身体やエネルギーボディ、意識とシンクロしています。逆に言うと、グリッドがないと、生命は地球上に存在できません。

現在、人類のグリッドは三つあることがわかっていますが、それは、地球上には３種類の人類が存在している、ということを意味しています。

ひとつめは、アボリジニのグリッドです。

二つめは、現代の産業社会に生きる人類のグリッドです。これがどのような形をしているのか、詳細にはわかっていないのだそうですが、私たちはこの二極性のグリッドにアクセスして生きてきたのです。このグリッドは、ロシアと米国によって発見され、彼らは競ってこのグリッドの節点（線と線が交わるポイント）の下に、軍事基地を設置したのです。それは、このグリッドを掌握することで、人類の意識を自在にコントロールできると考えたからでした。

三つめのグリッドが、キリスト意識のグリッドです。アトランティス時代の人造マカバの誤作動という大失敗により破壊されてしまいましたが、アセンデッドマスターたちによる再構築が推し進められ、ついに2007年に完成し2008年２月に点灯されました。このグリッドが動き出したことにより、人類のアセンションへの道が開けました。

キリスト意識のグリッドに気づいた闇の政府は、何とかしてこれを破壊しようとしました。何をやったのかというと、核実験という名目で、あちこちのグリッドの節点の地下で、何度も何度も核を爆発させたのです。ついには大ピラミッドの下で核を爆発させようとしたそのせつな、どこからともなく黒い服をまとった人物が大ピラミッドの中に現れ、手に持っていた一冊の本を軍人に渡しました。その本を読んだ軍人は激しい恐怖にかられ、それ以降、すべての核実験は終了になったということです。この本に何が書いてあったのかは、謎のままです。

闇の政府～ディープステートが、この新しい人類の意識の誕生を強烈に恐れていたことは、確かなようです。

いまは太陽とつながることが大切なとき

「私たちはみんな太陽からやって来た」と、ドランヴァロは言います。

どうぞその意味は、私には聞かないで下さい。私はまだ、この言葉の意味をよく理解していないのです（苦笑）。ただ、直感的にわかることは、あなたも私も、太陽系のすべての生命は、太陽の子どもたちだということです。

太陽は、ただ単に燃えさかっている、でっかい火の玉ではありません。太陽は、愛の光をつくりだして太陽系のすみずみにまでその滋養を送っています。長い間、科学の世界でも、太陽はガスが燃えているのだという定説がありましたが、オハイオ州立大学の放射線学部門の教授であり、エレクトリック・ユニヴァース（81P参照）の支持者でもあるピエール・マリー・ロビタイユ博士は、太陽の表面が液体であることをNASAの動画も使って示しています。このようにして、太陽に関するより正確な情報が次第に明かされつつあります。

また、太陽の内部には7次元の存在たちが住んでいて、愛の光を太陽系圏に送るという作業をおこなってくれている、という説もあります。

このあとに紹介するユニティブレス瞑想法は、もともとは、地球と宇宙と、愛によってつながる、という瞑想法でした。宇宙そのものとつながってもいいし、ホピの人々がグレート・セントラル・サンと呼ぶ銀河の中心とつながっても、また私たちの太陽とつながってもよかったのです。

けれども、2015年の春にセドナにて開催された「コズミック・グレース」というワークショップの中で、ドランヴァロはこんな話をしてくれました。

「ユニティブレスをおこなうとき、意外と太陽とつながる人が少ないんだよね。**いまは、地球と太陽の関係がとても重要なときなので、できたら太陽とつながってほしいな**」

かくいう私も、それまでは広大な宇宙とつながる感覚が好きで、太陽とつながることをあまりしてこなかったのです。けれどもこのときから、意識して太陽とつながるようになりました。そうすることで、今までは感じたことのなかった、地球と太陽と自分自身の、より深く愛おしいつながりを感じるようになっています。いままでは青空に輝く太陽を見ると、なぜか狼のように遠吠えしたくなってしまう自分がいます。もちろん、人前では吠えませんが（笑）。

また、太陽は、グレート・セントラル・サンとも、マヤの人々がフナクと呼ぶ宇宙の中心とも、ネットワークのようにつながっているのだそうです。ですから、太陽とつながることでも、宇宙そのものとつながれるんですね。

ユニティブレス瞑想法

『あるヨギの自叙伝』（森北出版）で知られているパラマハンサ・ヨガナンダは、インドからはるばる海を越えて米国に渡り、クリヤ・ヨガの精神と行法を西洋に広めた人です。ドランヴァロは、ヨガナンダと深い親交がありました。これはあまり知られていないことですが、ヨガナンダはメルキゼデク・オーダーともつながっていたのです。

そして、ヨガナンダが深く敬愛する師であるシュリ・ユクテスワ師が霊体としてドランヴァロの前に現れ、教えてくれたのが、このユニティブレス瞑想法です。

これは、地球、宇宙、そしてあなた自身が無条件の愛でつながり、愛の三位一体のハーモニーを創出する瞑想法です。

ドランヴァロがシュリ・ユクテスワ師から聞いた瞑想法を簡単に説明してみましょう。

シュリ・ユクテスワ（左）と
パラマハンサ・ヨガナンダ（右）

まずはじめに、母なる地球に愛を送り、地球から愛が返ってくるのを感じます。

その次に、父なる宇宙《そら》へと愛を送り、宇宙から愛が返ってくるのを感じます。

母なる地球も、父なる宇宙も、私たちの愛が届くと必ず愛を返してくれます。

あなたと地球、宇宙の間に流れている相互方向の愛を感じ、自分自身を感じます。

こうすることで、宇宙に偏在する生命と愛でつながっている感覚を思い出していくのです。

この瞑想によって創り出されるバイブレーションは、自然にあなたをハートの中へと誘《いざな》ってくれます。

大切なことは、必ず、まず最初に母なる地球とつながることです。ドランヴァロによると、先住民族の人々は「地球や宇宙とつながることなしにハートに入ろうとするなんて、あり得ない」と言うのだそうです。

シュリ・ユクテスワ師は、父なる宇宙とつながる方法として、地球をとりまいているキリスト意識のグリッドとつながることをドランヴァロに勧めてくれたそうです。グリッドは宇宙に張り巡らされたコズミック・ウェブにつながっていますから、ここにアクセスすることで、宇宙につながることができるのでしょう。

いまは太陽とつながることが大切である、というドランヴァロの言葉にしたがって、私が開催するワークショップや勉強会では、太陽とつながる方法を取っています。

とはいえ、ご自分で瞑想するときは、キリスト意識のグリッドでも、グレート・セントラル・サンでも、はたまた宇宙そのものでも、あなたが直感的にピンとくるところや、感覚的にしっくりくるところとつながるのが一番です。

私たちはそれぞれ、星々を旅して、スピリットとして成長してきた道程があります。いま、あなたがどことつながるのがぴったりくるのか、あなたは内側で知っています。どうぞそれを信頼して下さい。

銀河連盟からのメッセージ／ユニティブレス瞑想の変化

ユニティブレス瞑想のやり方は、２００６年に出版されたドランヴァロの著書『ハートの聖なる空間へ』※5の中に書かれています。

ですが、２０１２年の冬至以降、この瞑想の方法が少し変わりました。

男性性のエネルギーから女性性のエネルギーへと移行する指標の日となった２０１２年12月21日と、その前後の日を合わせて3日間、ドランヴァロは世界に向けてインターネットによる無料のライブ配信を実施しました。

そして、12月21日には、ドランヴァロ自ら、銀河連盟の存在たちをチャネリングしたの

※5　『ハートの聖なる空間へ』（ナチュラルスピリット）ドランヴァロ・メルキゼデク著

です。そのメッセージは真摯な愛にあふれ、深く感動するものでしたが、このチャネリング・メッセージの中で、ユニティブレス瞑想に関する、ある修正が伝えられました。

銀河連盟の存在たちの言葉をそのまま引用してみましょう。


「ドランヴァロは、母なる地球と父なる空と愛でつながることを教えていますが、ひとつ、忘れていることがあります。

何よりも大切なのは、自分自身を愛することです。

あなたこそが、宇宙が創られた理由なのです。

あなたなしには、この宇宙を継続させることの意味がありません。

あなたは美しいのです。

どうか自分が誰であるのか思い出して下さい。

あなたの周りに、あなたの内側に、自分自身への愛を見出して下さい。

すべての生命、すべての存在が、あなたを愛しています。

みんな、あなたがしてくれたことに感謝しているのです。

人間の形態をとっているあなたは、自分のことをただの人間だと思っているかもしれませんが、ほんとうは、まったくもって素晴らしい存在なのです」

この銀河連盟の存在たちのメッセージを受けて、ユニティブレス瞑想法には、母なる地球、父なる宇宙とつながったあとに、**自分自身と愛でつながる、ということが付け加えられました。**

私たちは、まずは自分を差し置いて、人のために生きることをしがちです。特に日本人の血には、その教えがきっちり入っていると感じます。それは、たしかに美徳でもありますが、私たちは、まず自分自身を愛していないと、決して自分以外の人を愛することができません。セルフラブは、私たち誰しもが真っ先に取り組むべき課題であると、私はいつも感じています。

本気でハートから自分自身を愛するようになると、もう自分以外のすべてを愛さずにはいられなくなります。

Chapter 3

ハートへの帰還

アトランティスの大事故がもたらしたもの

いまほど、ハートに帰り、ハートから生きることが重要な時代はない、と言われます。

それは、私たちはもともとハートにいたのに、いまはそこにはいない、ということを意味しています。

いったい何が起きて、私たちはハートから出てしまったのでしょう。

そしていま、私たちはどこにいるのでしょう。

ドランヴァロは、スピリット＝意識である、と言います。

つまり、意識のある場所に、あなたのスピリットは存在しています。

アトランティス時代まで、私たちのスピリットはハートの中に在りました。

ハートの中では、自分自身のことがよくわかり、ハートの直感によって生きることができました。すべてを変えてしまったのは、前章に書いた人造マカバの失敗による大事故です。このときのショックで、私たちの**スピリットはハートから飛び出して、脳へと移動し**てしまったのです。

その上、一人ひとりの身体の周囲に光に近い速度で**回転していたマカバが止まってしまい、**ポールシフトが起きた時には、私たちは、それまで保っていた記憶を保持しておくことができなくなってしまいました。文字通り「ここはどこ？　私はだあれ？」という状態になってしまったのです。私たちの意識は急速に降下していき、いわゆる原始人となってしまい、火を起こすことから学びなおさなくてはなりませんでした。

さらに、前述した**エンティティの問題**も大きく、何十体ものエンティティに入り込まれて死んでいく人や、重い病気になる人も多く、**私たちは完全なサバイバルモードへと急降下**していったのです。そんな状況の中で、何とか生きていくために、脳へと移動してしまった意識がマインドを使うようになります。自分と自分の家族だけの安全や、食料を確保することに意識が向き、**次第にエゴが形成**されていきました。

それから今日まで約1万3000年の間、私たちの意識は、ほぼ脳の中に在ったのです。

脳からの創造＝二極性が映し出された世界

ここに来て、アセンションの時を告げるクラリオンコールが鳴り響き、ようやく私たちは、脳の中で見続けていた夢から目覚める時がやってきたことに気づき出しています。

脳の中は、脳梁《のうりょう》によって右脳と左脳に分かれていますが、右脳と左脳は合わせ鏡になっているのです。

つまり、右脳と左脳は正反対のことを考え、その両方を創り出しています。善と悪、戦争と平和、愛と憎しみ……それらを同時に創造して、この世界に映し出しています。

私たちがいま生きているこの世界は、まさに、脳が創り出す二極性が映し出された世界なのです。

ですが、私たちがもともといたハートの空間の中はひとつです。

ハートの中にある神聖な空間では、すべてがつながっていて、いわゆるワンネスの場所

なのです。そこでは、自分にとっても、他の誰にとっても、よいことしか創造できません。**このハートの空間へと帰ることなくしては、私たちは次元のオクターブの壁を超えて、アセンションして行くことができないのです。**

ハートとは、心臓のこと

ハート、という日本語は何を意味しているのでしょう?

私たち日本人は、ハートという言葉に、どちらかというと情緒的、感情的な意味合いや、愛情という意味を持たせて使っているように思います。

ですが、**ここでいうハートとは、心臓そのもののことを指しています。**

この本の中では、ハートと表現したり、心臓と表現したりしますが、どちらも肉体的な心臓のことを指していると思って下さい。

心臓の中には、あなたがスピリットとして、地球にやって来るときに携えてきた、本来の感情や情緒、情熱があり、それは、あなたの帰還を待ちわびています。

古代エジプトや、ユダヤ教、ヒンドゥ教、チベット仏教など、さまざまなエソテリックな教えの中には、口伝、秘伝として伝えられてきた、心臓に関する秘密の教えがあります。**心臓の中には、神聖なる空間があり、私たちはみんなそこを通ってこの世界にやってきた、というのです。**

この大いなるアセンションのときに、ドランヴァロはその秘密の教えを公開し、世界中の人々にわかりやすく伝えるべく、活動を続けてきました。

触れれば即死／心臓の聖なる一点

心臓外科医が心臓の手術をする際に、決して触れない一点があると言います。なぜかというと、**その一点に触れると、人間は即死してしまう**のだそうです。科学的に証明されてはいませんが、ドランヴァロは、その一点がハートの聖なる空間であろうとみています。

生物的にみても、人が心臓からやってきたことがわかる話があります。

ヒトの精子が卵子と結合し、細胞分裂を始めると、2個、4個、8個、16個……と細胞の数が増えていき、512個の細胞になったときに、それがまず心臓になることがわかっています。つまり、最初に心臓ができて、そこから他の臓器が生まれ、手足が生えて来る、というのです。

このことについては、科学や医学の世界では、長い間議論が交わされていたそうです。先に心臓ができても、心臓には鼓動をスタートさせることのできる細胞がないのだから、まず脳が先にできるに違いない、という主張が定説になっていました。ところが、心臓に特化した研究をするスタンフォード大学の関連機関であるハートマス研究所※6が、心臓の中にも、少数ながら鼓動をスタートさせることのできる、脳細胞に似た細胞を発見したのです。この細胞群は「ペースメーカー細胞」と呼ばれ、心臓の全細胞の1%ほどしかないのですが、これが電気信号を発して心臓を動かしているということが、いまではわかっています。**この発見により、人はハート（心臓）からやってきたということが、エソテリックな教えの中だけではなく、科学的にも解明されたわけです。**

私たちがお母さんのおなかの中で鼓動を開始した瞬間から、あなたがこの本のページを繰っている、いまこの瞬間まで、心臓は決して止むことなく、鼓動を打ち続けています。

※6　ハートマス研究所：1991年にドック・チルドリ氏により設立された、科学的に心臓と感情の関係性についての研究を推進する非営利法人。ストレス・マネージメントのために開発したツール「emWave」は、さまざまな分野で活用されている。ドランヴァロのスクール・オブ・リメンバリングとも提携がある。

私たちが、勉強したり、仕事をしたり、遊んだり、食べたり、飲んだり、眠ったり、泣いたり、笑ったり、さまざまなことをしている間も、心臓は何も言わずに、ひたむきに鼓動を打ち続けて、私たちがこの世界で生きることを可能にしてくれています。

それなのに、私は心臓のことなどほとんど意識せずに、感謝の気持ちを持つ余裕もなく、忙しく毎日を生きていますが、心臓についての理解が深まるにつれて、心臓に意識が向くようになり、心臓との付き合い方が次第に変わってきています。

ところで、私たちの心臓はペースメーカー細胞が発する電気信号によって動いているということですが、その電気信号の電気はどこからやってくるのでしょうね。

心臓は、いったいどこから、その動力をとっているのでしょう？

もしかすると、私たちの心臓は、非常に精巧かつパワフルな、フリーエネルギー装置なのではないでしょうか。いまという時代は、真実に根ざした科学や医学、それらを基にしたテクノロジーが世の中に出てくる機運が高まりつつあります。まだ謎が多いとされている心臓に関する情報も、これからどんどん出てくるかもしれません。

ほんとうに楽しみな時代が、すぐそこまでやってきていますね！

電気的宇宙論――人間は電気でできている

心臓のみならず、人間の身体はすべて電気でできている、ということが最先端の科学においては、解明されつつあります。

ドランヴァロが注目している、電気的宇宙論を展開しているエレクトリック・ユニヴァース[※7]という科学者たちのグループがあり、そこには、さまざまな分野の最先端を行く科学者たちが集結して、宇宙のすべての現象は電気で言い表すことができる、という論を展開しています。

コーリー・グッドによると、一般に知られている科学やテクノロジーより、はるかに進化した科学とテクノロジーを実際に駆使しているシークレット・スペース・プログラムが採用しているセオリーは、エレクトリック・ユニヴァースの科学者たちが主張するセオリーととても近い、ということです。

ここからも、人間の身体はすべて電気でできている、ということがわかるのです。

※7　エレクトリック・ユニヴァース：「エレクトリック・ユニヴァース・モデル（電気的宇宙論）」を提唱する科学者たちが集結し、「サンダーボルツ.info」というウェブサイトにて、宇宙のすべての現象は重力よりも電気によって説明がつくという論を展開している。ドランヴァロが2015年にセドナにて開催したコズミック・グレース・ワークショップでは、エレクトリック・ユニヴァース論が多く用いられた。https://www.thunderbolts.info/wp/

心臓の磁気フィールドは、脳の5000倍の強さ

そして、電気があるところには、必ず磁気フィールドが形成されます。

科学者たちは、人間のさまざまな臓器から出ている磁気フィールドを計測していますが、心臓からはとても強い磁気が発生していることがわかっています。**脳からも磁気が出ているのですが、心臓が発生する磁気は、なんと脳から出ている磁気の5000倍の強さなのだそうです。**

心臓から出ている磁気フィールドを計測して視覚化したものがありますが、そこには、二重になっている磁気フィールドが描かれていています。（83P図参照）

ドランヴァロによると、外側の大きな方のフィールドは「ハートの聖なる空間」から発生していて、内側にある小さい方のフィールドは「聖なる空間のそのまた中にある、小さな空間」と呼ばれる空間から発生しています。

この二つの空間については、あとで詳しく説明していきましょう。

　ドランヴァロは、心臓から出ている磁気フィールドは、科学的に計測されているものよりも、実際はもっとずっと広大なのだと言います。たとえば、あなたと私が何メートルも離れたところに立っていたとしても、すでに私たちの磁気フィールドは重なり合い、影響し合っているのです。

磁気フィールドでつながるコミュニケーション

　2015年春にセドナで開催された、ドランヴァロの「コズミック・グレース・ワークショップ」では、心臓から出

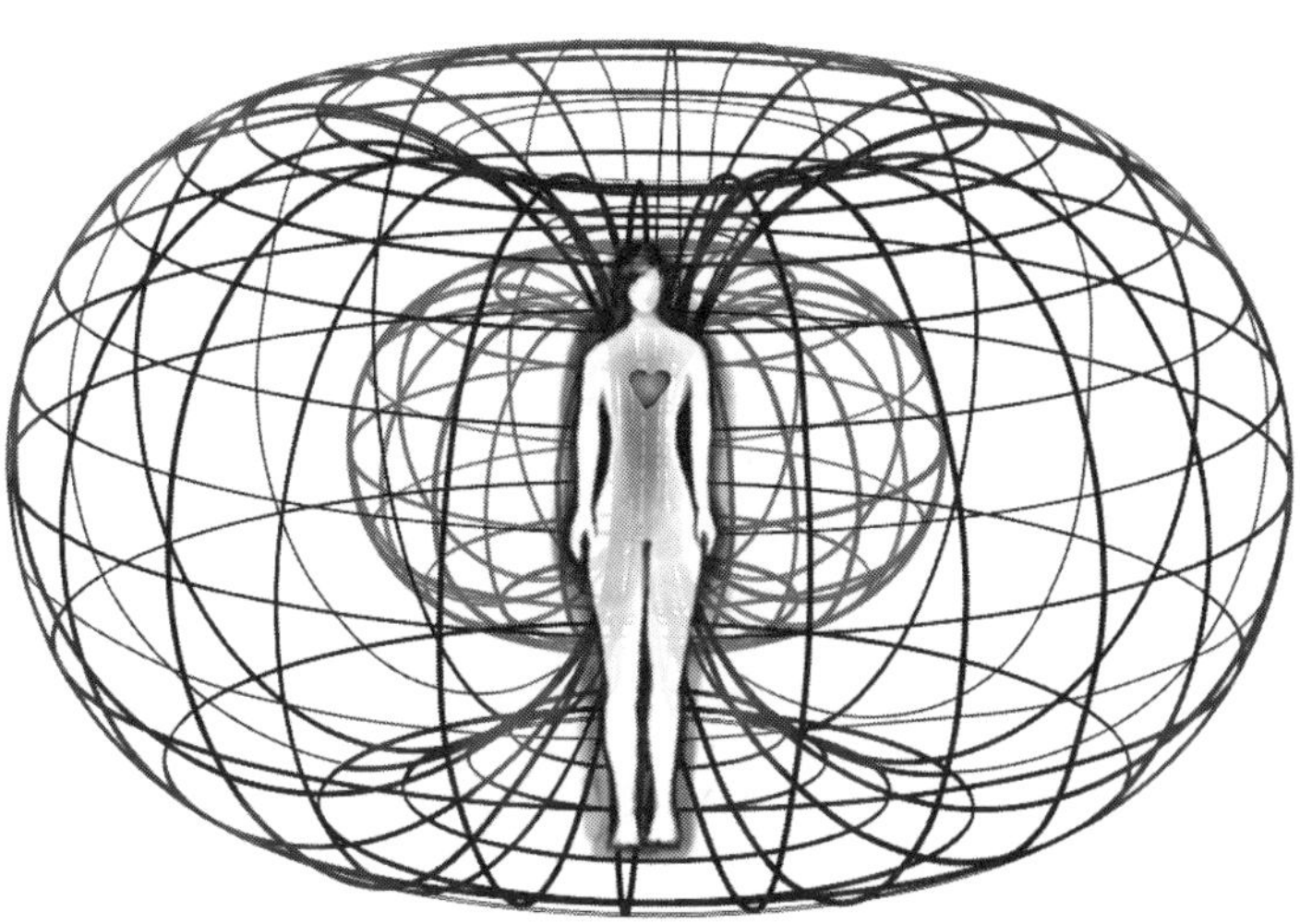

心臓から出ている二重の磁気フィールド

ている磁気フィールドにアプローチするペアワークがありました。ペアを組んで背中合わせになり、お互いの磁気フィールドを意識し、感じて、磁気フィールドどうしをつなげてみるのです。

私は、近くの席に座っていた、初めて会ったイギリス人の男性とペアになったのですが、このワークが終わったあとは、もうその人が自分の愛しい兄弟としか思えない状態になっていました。彼の方も同じだったようで、まるで昔からお互いによく知っている人のように仲良くなったのです。

そしてこの日は、ドランヴァロから宿題が出ました。

「みんな、今日のワークが終わったら、たぶんどこかにディナーを食べに行くよね。そこでぜひ、知らない人たちの心臓から出ている磁気フィールドを感じて、つながってみて下さい」

チョコレート・ツリーでの出来事

その日のワークが終了し、ワークショップに参加していた数人の人たちと、チョコレート・ツリーというヴィーガン・カフェに出かけました。

最初は、仲間うちで食事をしながら会話が弾んでいましたが、そのうちに誰かが「じゃあ、宿題をやってみようか」と言い出しました。そこで、先ほどワークショップでドランヴァロが誘導してくれたように、まずハートに入り、それから自分の心臓から出ている磁気フィールドを感じ、次にレストランにいる人々の磁気フィールドを感じて、フィールドどうしをつなげてみました。

その日は、特にお店が混んでいて、働いている人たちはとても忙しそうでした。いつもは愛想よく対応してくれるウェイターの男性たちも、この日ばかりは素っ気なく、ちょっとイライラしている感じさえあったのです。

ところが、しばらく私たちが心臓の磁気フィールドを意識していたら、少しずつ彼らの様子が変化していくのがわかりました。だんだん楽しそうに、生き生きとした動きになってきて、ついには、ひとりのウェイターの男性が踊り出してしまいました。踊りながら食事を運んできてくれるのです。私たちも大笑いしながら一緒に踊り出し、いつの間にか、ヴィーガン・カフェは、まるでクラブのような状態になってしまいました。

このときに感じた楽しさやうれしさは、ほんとうに格別でした。

最初に踊り始めたウェイターの男性の様子を撮った動画が、いまも私の携帯に残っています。翌日のワークショップの朝、チョコレート・ツリーでのこの体験をドランヴァロやみんなに、嬉々としてシェアしたことは言うまでもありません。

ハート から出ている磁気フィールドを感じることは、ハート（心臓）の中へと入っていくための、ひとつの有益なステップであると言えます。

よかったら、あなたの心臓が鼓動を打つたびに、波のように広がる磁気フィールドや、周囲の人々の心臓から出ている磁気フィールドを感じてみて下さい。

幾何学はなぜ神聖なのか

最近では、フラワー・オブ・ライフやマカバ、メタトロン立方体などの神聖幾何学が、ずいぶんとポピュラーになった感があります。若者がフラワー・オブ・ライフの模様のついたTシャツを着ていたり、神聖幾何学をモチーフにしたアクセサリーを付けている女性を見かけるようなことも多くなりました。また、神聖幾何学の立体を作ったり、糸掛けアートにしたり、絵に描いたりして、楽しむ人も多くなっています。

そういったことを見るにつけ、多くの人々の意識が変化してきているのを感じます。

なぜなら、生命はまず幾何学ありきなのです。私たちが家を建てるときに、必ず設計図を作成するのと同じように、この宇宙のすべてのものには、目には見えない設計図が隠されています。

フラワー・オブ・ライフはこの宇宙の創成を表していますし、メタトロン立方体は、この宇宙の設計図そのものです。私たちの身体の周囲にも、マカバをはじめ、それは多くのエネルギーフィールドがあります。

神聖幾何学に意識が向くということは、目に見える物質への興味や執着から少しずつ離れて、二つの目には映らないフィー

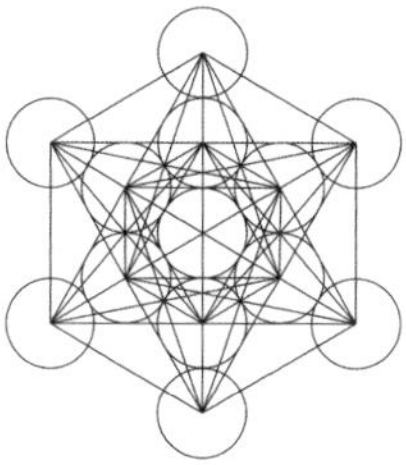

メタトロン立方体

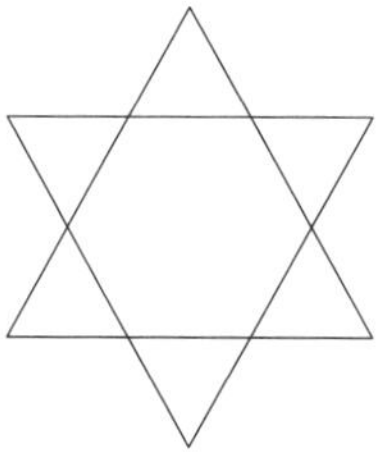

マカバ

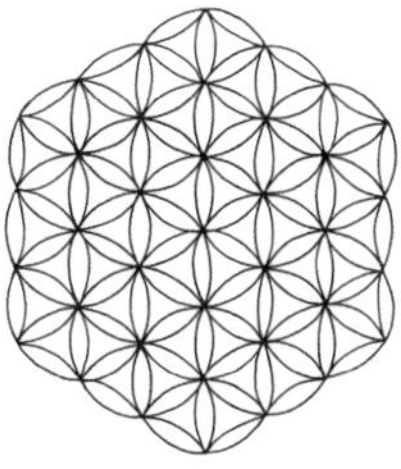

フラワー・オブ・ライフ

ルドへと興味が移ってきていることの現れだと言えます。つまり、私たちの意識の向くところが、物質的かつ3次元的なところから、より感覚的かつ4次元的なところへと変化してきているのです。

ところで、幾何学は、なぜ神聖なのでしょう。

その昔、ピタゴラスの時代には、正十二面体はとてつもなく神聖なものとされていて、その名前を口にしただけで、追われて殺されてしまうほどだったと言います。

英語では「ドデカヒドロン—dodecahedron」と発音しますが、もしあなたが、その時代のピタゴラス派に属していたとしたら、「ドデ、カ…」なんて口にしたら最後、急いで走って逃げた方がよかったかもしれません。

地球の周囲にあるキリスト意識のグリッドの形は、星冠正十二面体であることを前章でお伝えしましたが、この図形は、

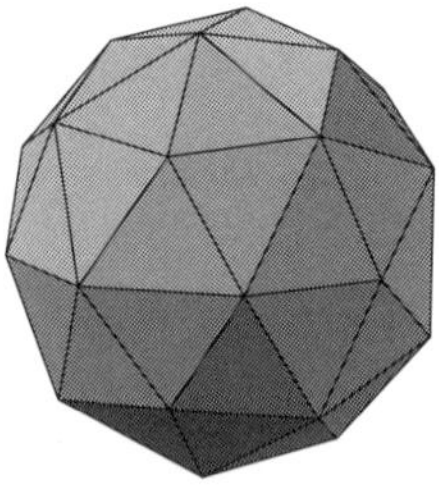
星冠正十二面体

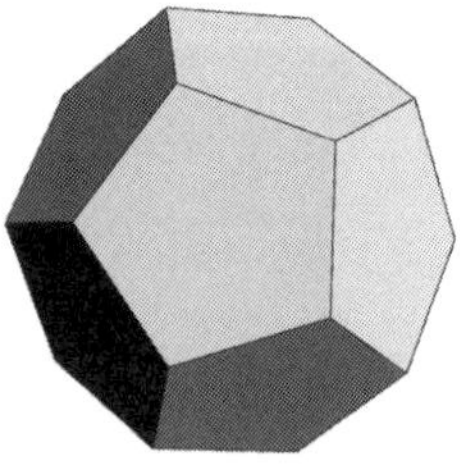
正十二面体

正十二面体と正二十面体を組み合わせたかたちでできています。

興味深いことにDNA分子も、正十二面体と正二十面体の双対性によって構築されています。立方体を72度ずつ回転させていくと、正十二面体が現れ、そこから正二十面体が現れる、というように、この二つの立方体が交互に現れるパターンによって、DNAの螺旋ができているのです。

こうやって紙面に書くと、何やらわかりにくい感じがするかもしれませんが、地球も私たちの身体も立体ですから、想像力を使って、幾何学を立体として感じることをぜひやってみてください。

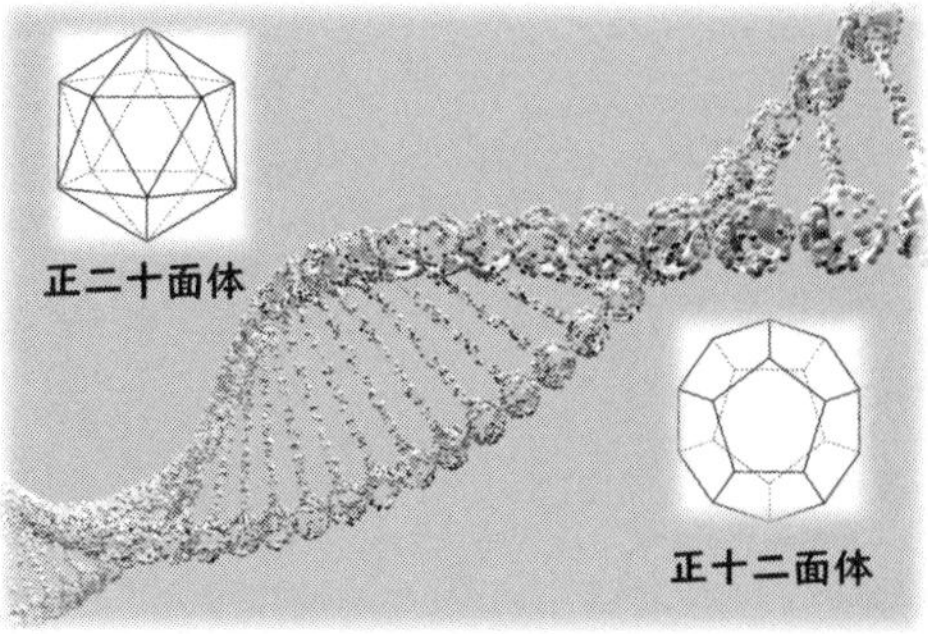

DNAと正十二面体、正二十面体

女性性の幾何学が発見できなかった理由

宇宙の設計図であると言われるメタトロン立方体には、正四面体、正六面体、正八面体、正十二面体、正二十面体の5つのプラトン立体が、それぞれ大小ふたつのセットになって入っています。

その中で、正四面体、正六面体は男性性の幾何学であり、正八面体は中性、正十二面体と正二十面体は女性性の幾何学であることが、『フラワー・オブ・ライフ第1巻』に書かれていますが、ドランヴァロは、とても長い間、どうしても正十二面体だけが、メタトロン立方体の中に見出《みいだ》せなかったことに言及しています。

ある日、ワークショップに参加していた人に、メタトロン立方体の線をいくつか描き忘れていることを示唆されて、それがちょうど正十二面体を表している線だった、ということなのですが、これはとても興味深いことに感じます。

当時はまだ、キリスト意識のグリッドが活性化しておらず、世界は男性性のエネルギー

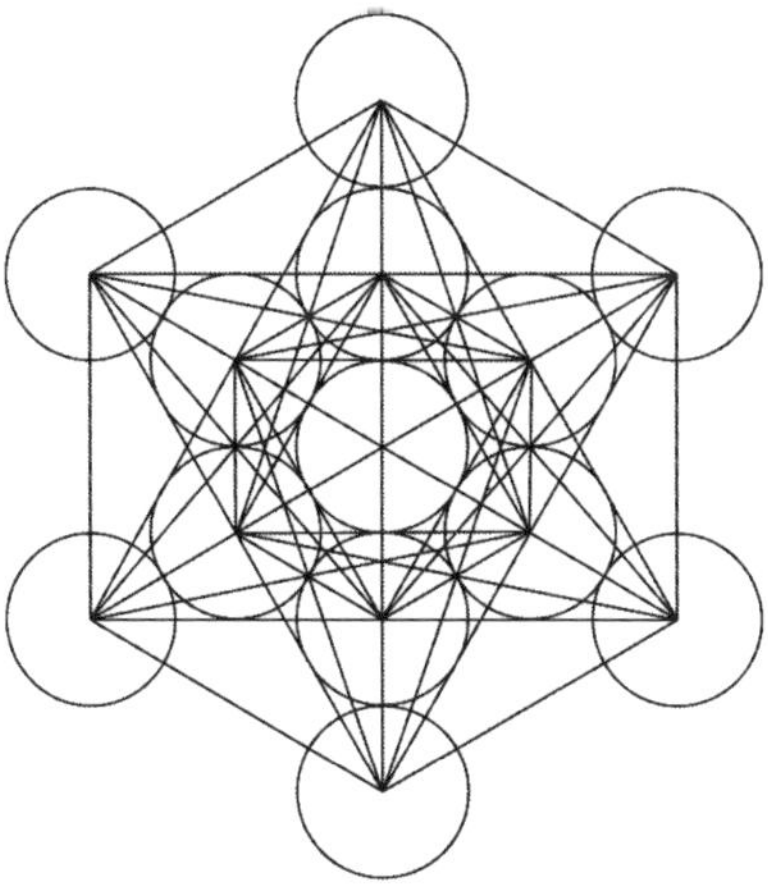

メタトロン立方体

宇宙の設計図ともいわれる［メタトロン立方体］には
5つのプラトン立方すべてが大小セットで内包されている

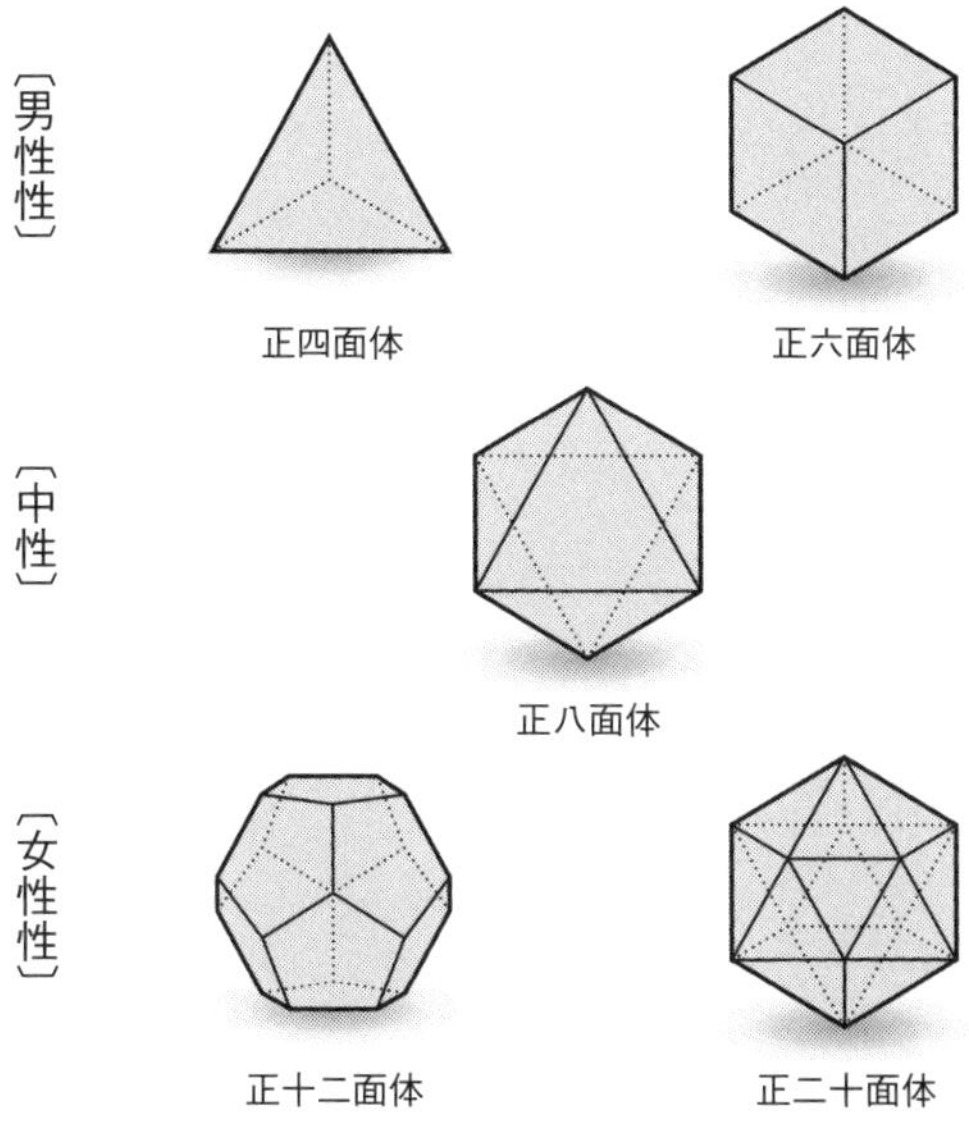

プラトン立体と呼ばれる5つの正多面体

の真っただ中だったでしょう。言うなれば、正四面体と正六面体の世界です。そこで女性性の幾何学を見つけるのに苦労したのは、ある意味、自然なことなのではないかと感じるのです。

その後、キリスト意識のグリッドが活性化して、このグリッドにアクセスする人が次第に増えて行き、私たちは、少しずつ女性性のエネルギーに目覚めてきています。

それとシンクロナイズするかのように、私たちの幾何学に対する理解や感じ方も変化してきています。

オーストラリアに住むスターシードであり、子どもの頃から高次元のETたちや天使たちとコンタクトをしているピーター・マックスウェル・スラッテリーは、

「地球上の全てのものも、地球も太陽も、宇宙も、微細なレベルにおいては、すべて紫色の正十二面体でできていると、僕は理解している。それは、ブループリントの、ひとつの振動周波数においてはそうなんだけど、自分の周波数が変わるにつれて、幾何学は変化するんだよね」と言います。

ピーターの言う通り、いまでは多くの人々の周波数が変化し、女性性の側面を持つ幾何

学に惹かれてきているようです。

幾何学は、宇宙の創生、私たちの生命、身体、感情、思考などと切っても切り離せない、宇宙の構成要素であり、だからこそ、神聖なのでしょう。

幾何学は神の言語──創造のツール

学校で教えてくれる数学が超不得意だった私は、ドランヴァロの著書『フラワー・オブ・ライフ』を初めて読んだとき、「だめだ、こりゃ～」とばかりに、幾何学に関するページは全部読み飛ばしてしまったのです（汗）。

けれども、ドランヴァロのワークショップに参加し、瞑想を重ねるうちに、少しずつ幾何学が神聖なものである、ということの意味が感じられるようになっていきました。

それは、私が、少しずつハートの意識で生きるようになって行ったタイミングとシンクロしています。どんなにマインドで理解しようとしても、幾何学はどこまで行っても幾何学のままなのですが、**ハートからひとつの目を使って見ることで、幾何学が神の言語であ**

り、創造のツールであり、宇宙のブループリントであることを体感するようになってきたのです。

神聖幾何学のなかでも、フラワー・オブ・ライフというかたちは、この宇宙創世の基本の動きを表わしています。私なりの表現をすれば、これは、創造主がこの宇宙を生み出したときの、ラブストーリーです。

フラワー・オブ・ライフ／宇宙の壮大なラブストーリー

ここからの話はぜひ、立体を意識して、感じながら読み進めてもらえれば、と思います。

ヴォイド（虚空）の中に、ひとつの光の球体が浮かんでいます。

この球体を神さまと呼んでもいいし、創造主と呼んでも、またはひとつの光子（フォトン）と表現してもいいのですが、ここではひとまず、神さま、としておきましょう。

ヴォイドの中で、神さまは完全に満足していました。なぜなら、球体は完璧なかたちであり、そこから足すことも引くことも、何も必要のない状態です。

なのですが、ある時、神さまは「自分自身を見てみたい」と思い立ちます。

そこで、元の光の球体である自分をそこに残したまま、ちょっと移動してみたのです。

ヴォイドは真空の暗闇ですから、右も左も、上も下もない状態なのですが、話をわかりやすくするために、たとえば上の方向に移動したとしましょう。上から自分自身を見てみた神さまは、「これはおもしろい！」と思ったのでしょうか、元の自分の周りに円を描くように次々と移動しながら、自分の分身を創造していきました。自分の周りに、自分自身でもある球体を次々に創り出していったのです。

神さまがぐるりと一周して、6個目の球体を創ったとき、そこにひとつのかたちが出現しました。それが、フラワー・オブ・ライフ（生命の花）のもととなる、シード・オブ・ライフ（生命の種／創世記《ジェネシス》パターン）です。

神さまはそのまま創造を続け、自身の周りに光の球体を創り出していきました。

そして、19個の球体になったとき、またひとつのかたちが現れました。それがフラワー・オブ・ライフと呼ばれる神聖幾何学です。

次には、フルーツ・オブ・ライフ（生命の果実）が創造され、そこから、メタトロン立方体という、宇宙の設計図でもある神聖幾何学が生まれ出ました。

そしてそのあとも、神による創造は果てることなく続いています。

このようにして、神のラブストーリー、神のセルフラブによって、宇宙は拡大し続けているのです。


すべての生命は、このフラワー・オブ・ライフの一部分であり、私たちの誰ひとりとして例外ではありません。

神は、自身の一部分である私たちを通して体験し、見て、聞いて、感じて、味わっています。私たちは、誰しもが神の一部分なのです。

どんなに遠くに離れていたとしても、やっぱり最初のたったひとつの光の球体につながっています。

孫悟空が、どこまで逃げて行っても、気がついたら、やっぱり御

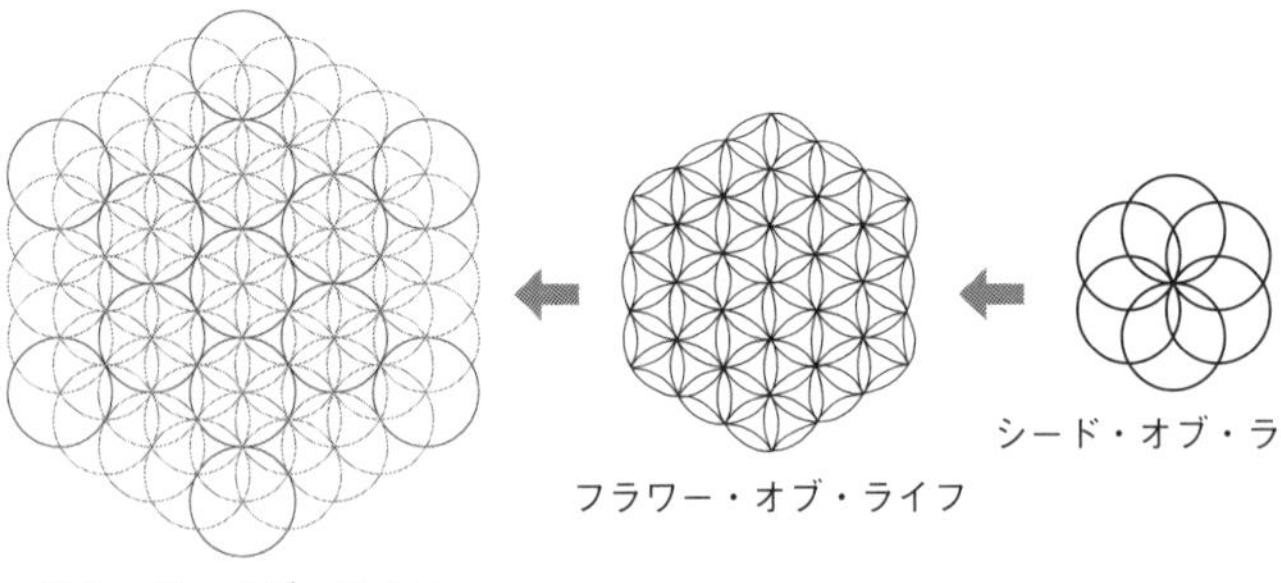

シード・オブ・ライフ
フラワー・オブ・ライフ
フルーツ・オブ・ライフ

釈迦様の手のひらの上にいた、というのと同じように、私たちはどこまで行っても、つねに神の創造の中にあり、同時に、神自身を内側に宿しています。

古代の人々は、フラワー・オブ・ライフという神聖幾何学が何を意味しているのか、私たちよりはるかによく理解していたようです。

世界のさまざまな場所に、この神聖幾何学を見出すことができますが、実は日本でも、多く見つけることができます。

私が最初に発見したのは、戸隠神社の中社の狛犬が足で押さえている玉が、フラワー・オブ・ライフの模様になっていることでした。中社にある灯籠も、よく見るとフラワー・オブ・ライフの模様になっています。

それから気をつけて見ていると、あちらこちらの神社にいる狛犬さんたちが、フラワー・オブ・ライフ模様の玉を足で押さえつけているではありませんか。

よかったら近くの神社や、お気に入りの神社に行って、ぜひフラワー・オブ・ライフを見つけてみて下さい。

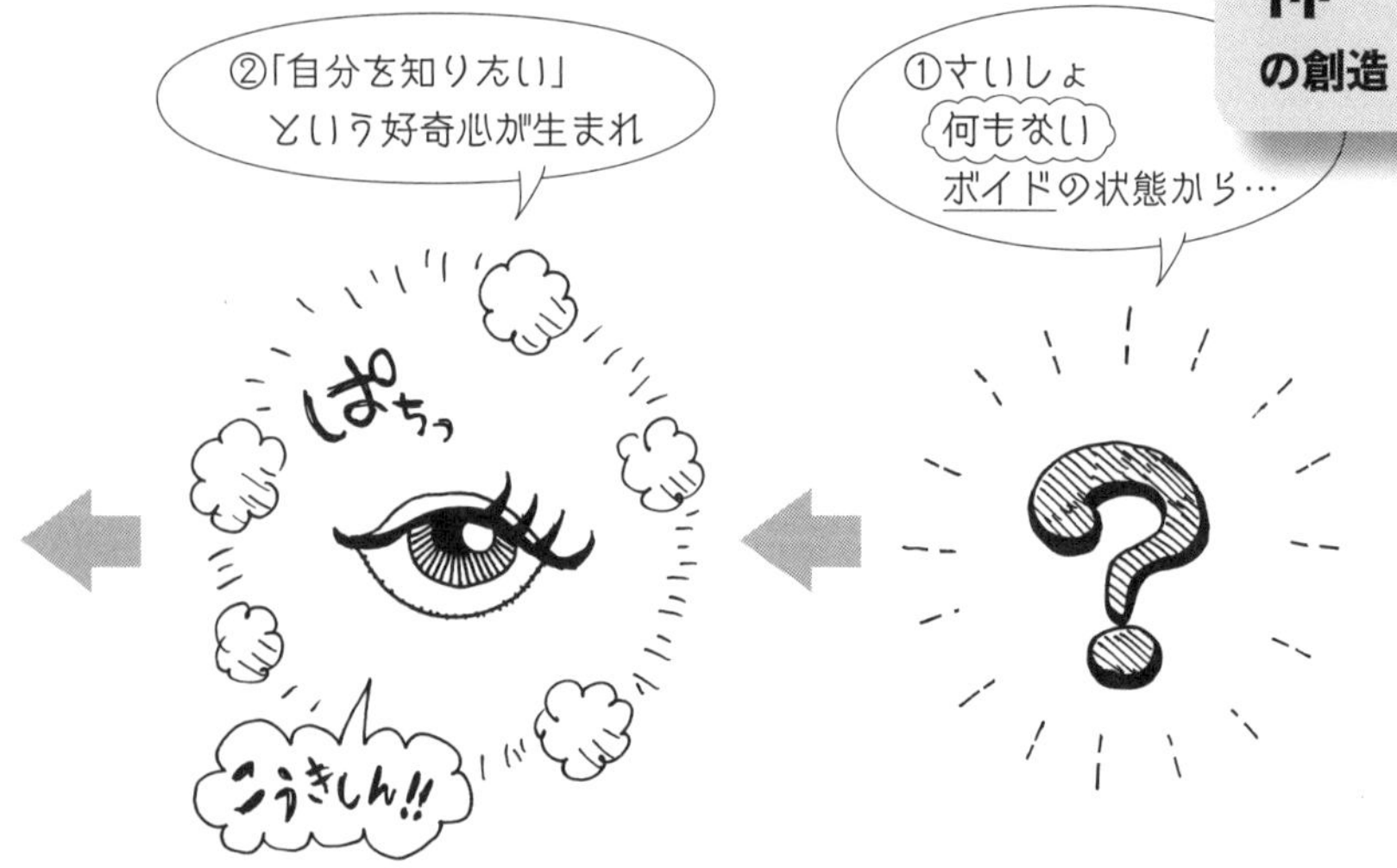
①さいしょ
何もない
ボイドの状態から…
②「自分を知りたい」
という好奇心が生まれ
ぱちっ
こうきしん!!

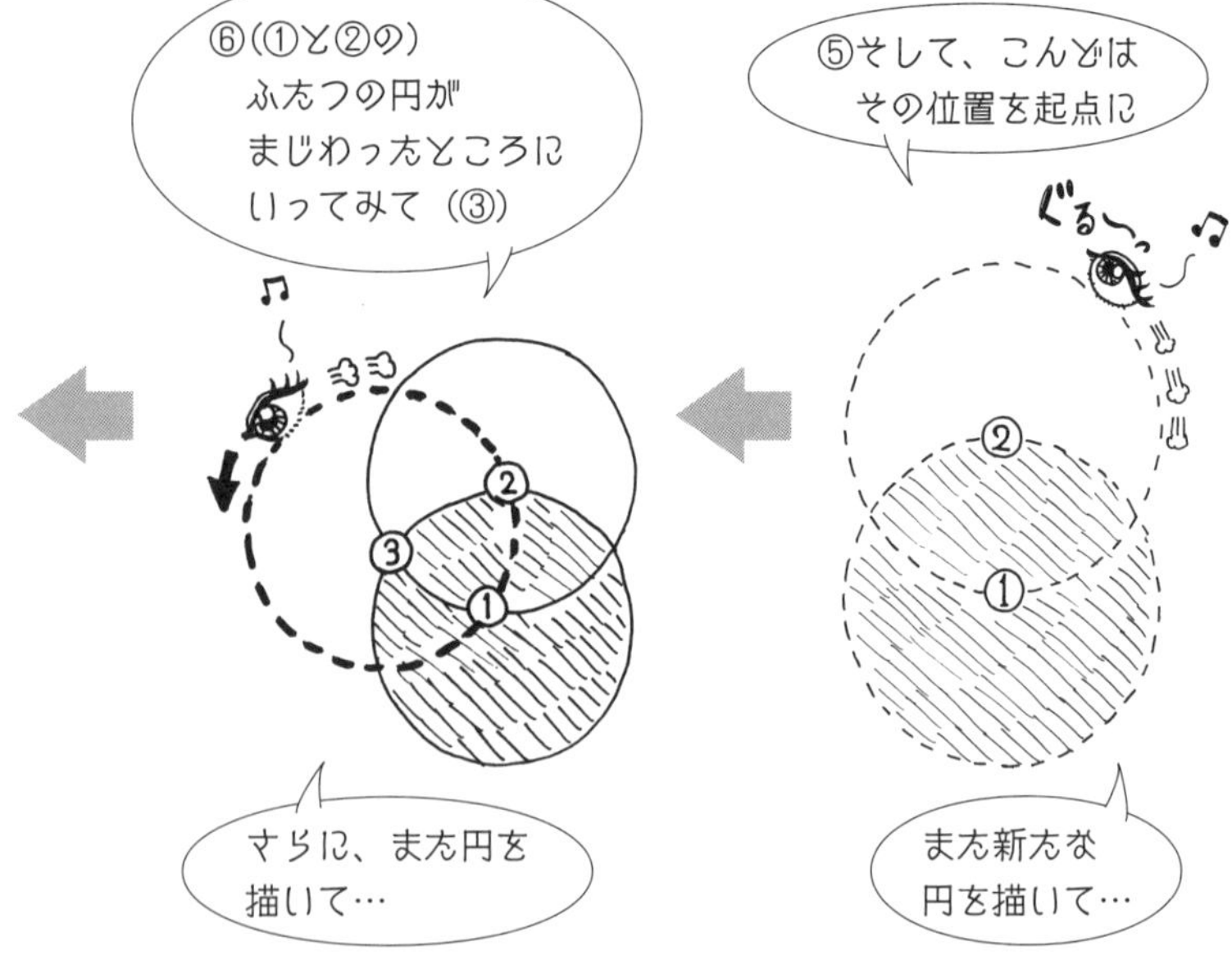
⑤そして、こんどは
その位置を起点に
ぐる〜っ
②
①
また新たな
円を描いて…
⑥(①と②の)
ふたつの円が
まじわったところに
いってみて（③）
②
③
①
さらに、また円を
描いて…

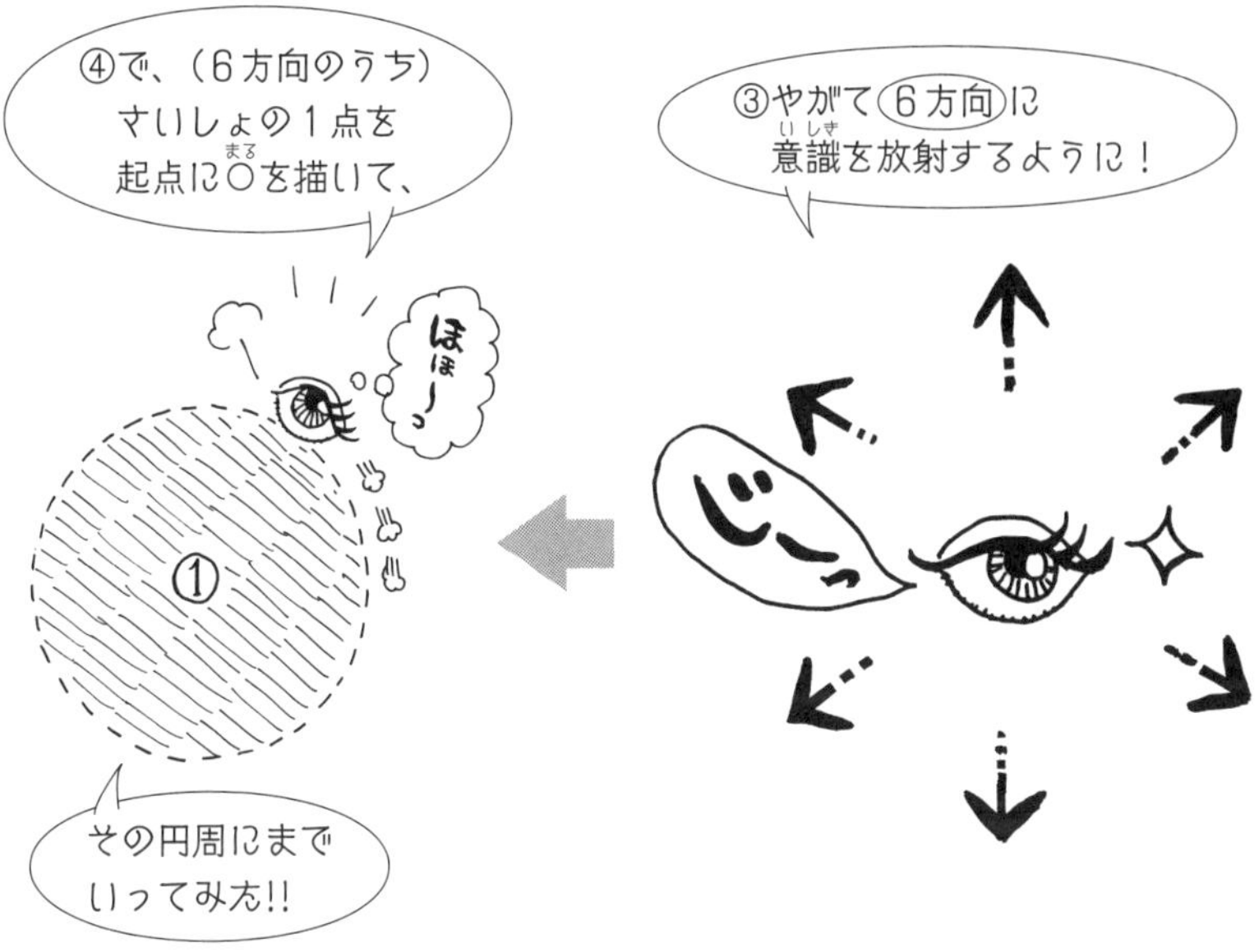
③やがて6方向に
意識《いしき》を放射するように！
じーっ
④で、(6方向のうち)
さいしょの1点を
起点に○《まる》を描いて、
ほほーっ
①
その円周にまで
いってみた!!

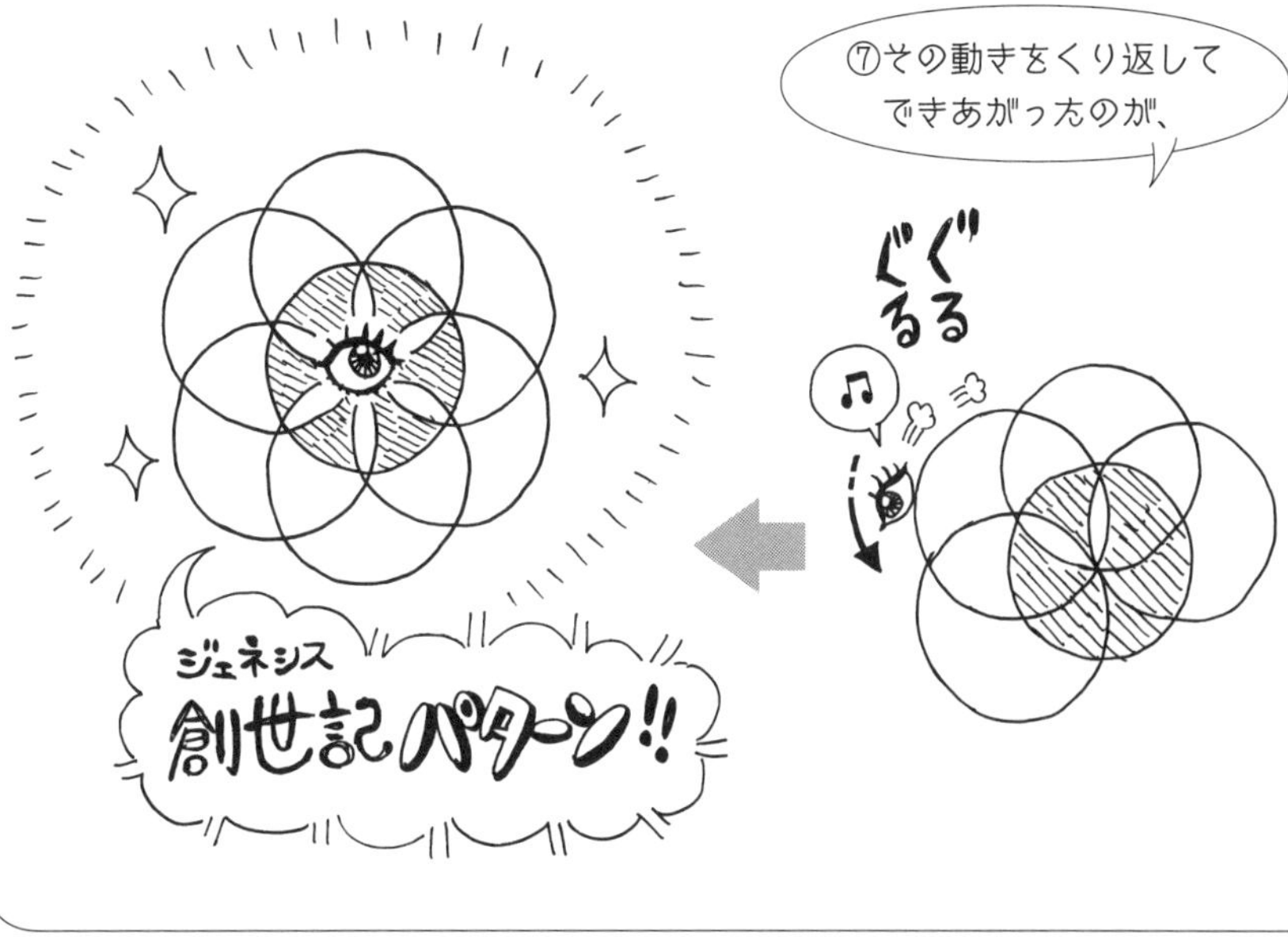
⑦その動きをくり返して
できあがったのが、
ぐるぐる
♪
創世記《ジェネシス》パターン!!

ルシファーの実験／二極性の設計図

フラワー・オブ・ライフが表しているところの、すべてがつながっている宇宙において、私たちは、やりたいことをすべて試し、体験してみることができます。

つまり、私たちは神から自由意志を与えられています。自由意志、ということと、大天使ルシファーがやったことには、深い関わりがあります。

大天使ミカエルの兄弟である大天使ルシファーは、知的で光り輝く、驚異的な存在でした。神はこの素晴らしい天使であるルシファーに、自由意志を具現化させる実験を許可したのです。そこでルシファーは、天界の約3分の1もの天使たちをリクルートして、この壮大な実験を開始します。**彼は、「ルシファーのフラワー・オブ・ライフ」ともいうべき幾何学を創造し、神とは違ったやり方で宇宙を創造しようとしました。**

ルシファーのフラワー・オブ・ライフは、神のそれとは違い、果てしなくリアリティを二極性へと導いていく設計図だったのです。

ルシファーの創造

①ルシファーは
「さいしょの①点」を

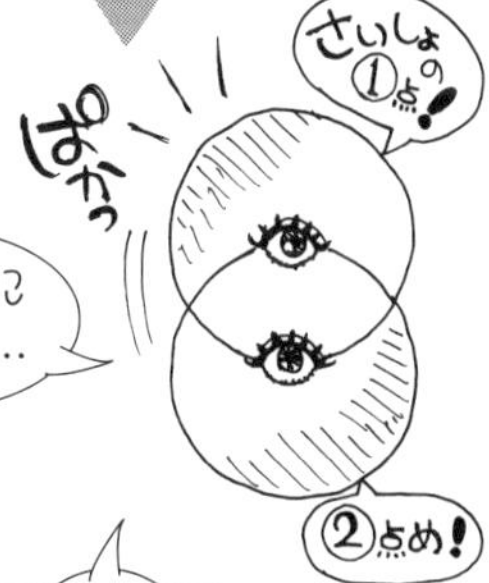

②ふたつに
分けて…

☆このとき、スピリットは
自分を分割して
②ヶ所に存在!している。

③また、さらにそれを
切り分けて

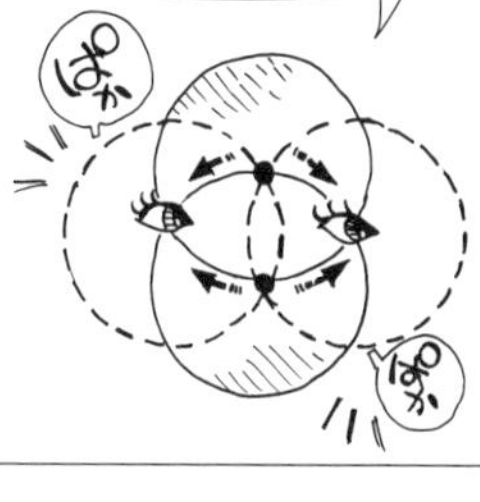

④どんどん
増殖してゆき…

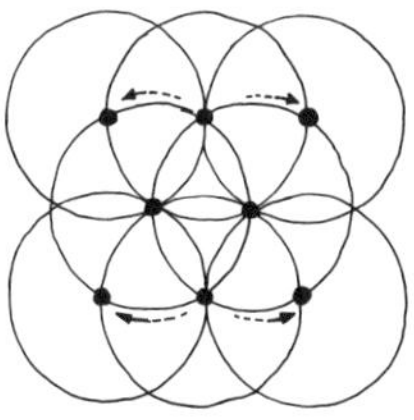

⑤やがて
(ちょうど人間のように)
2つ目ができあがって

中心に目が二つあること
=
神様から分離している
=
愛がない世界

が、誕生するのです。

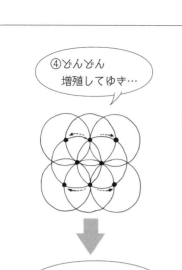

そこから生まれてきた現実は、愛とはかけ離れた分離の世界、物理的なテクノロジーの世界でした。その中で、ルシファーは愛に基づかないマカバを作り、時空間を行き来できる宇宙船を作っていきました。

一方、ただ自由意志を生み出すことのみを意図していたミカエルは、つねに神の愛とつながっているので、生きたマカバ・フィールドを持っています。つまり、テクノロジーや宇宙船をまったく必要としていないのです。ドランヴァロが「ミカエルがUFOに乗ってやってくると思う？」とジョークを言うのは、ここから来ています。

そして、宇宙のバランスを保つために、兄弟であるミカエルとルシファーによる「善と悪の戦い」が始まったのです。

その戦いの中心となったのは、地球人類でした。

アダムとイブと2本の木

エデンの園には2本の木があった、とドランヴァロは言います。

ひとつは、フラワー・オブ・ライフから派生する「生命の木（ツリー・オブ・ライフ）」で、最初、人間はこの木と結びついていました。

もうひとつの木は、「善悪の木」です。アダムとイブが、この善悪の木から取った果実を食べた、という話は、そのときから人類はルシファーの二極性の実験に加担した、ということの隠喩であると考えられるのです。

実は、この宇宙において、ルシファーの前にも同じような二極性の実験が3回行われていて、どれも大失敗に終わっています。

そのひとつの実験に関わっていたのが、火星人でした。グレイもそうですが、火星人もまた、愛や思いやりから切り離されて、知識とテクノロジーだけで生きるようになっていました。繰り返される戦いから火星の地表を吹き飛ばしてしまい、壊れかけた宇宙船で、地球にやって来たのです。

そして、約1万3000年前、アトランティスの時代に、人造マカバをつくりだすことに失敗し、重大な事故を引き起こしてしまいました。

レプタリアンの地球支配

ルシファーは、自分の実験が失敗だったことを悟り、現在ではすでにミカエルの横に戻っています。

それならば、なぜいまだに多くの争いがあり、テクノロジーが氾濫し、私たちはどっぷりと二極性の世界にいるのでしょうか。それは、まだルシファーがこの実験を続けていると思い込んでいる「手下」たちが、たくさんいるからなのです。けれども、彼らもそう遠くないうちに、この試みがすでに終了していることを知ることになるでしょう。

マカバの大事故により、いわば記憶喪失になってしまった私たちが、まず最初に出会ったETが、おもにレプタリアンとグレイだったことに対して、ドランヴァロは、みんなに申しわけない気持ちなのだと言います。なぜなら、彼らはまさに、ルシファーのつくり出した二極性の世界の、見本のような存在たちだからです。

レプタリアンは、太陽系圏内、圏外のあちこちの星々を植民地化して、そこに住む人々を奴隷化し、搾取してきました。その中でも、地球は相当にきついレプタリアンの支配下にありました。

ドラコレプタリアン／ホワイトロイヤル

人類は長い間、彼らがつくり出した徹底的なマインドコントロールと恐怖、欲望によって操られ、嘘の情報や教育、体制のもとに生きてきました。

レプタリアンの中でも最上階級のドラコレプタリアンであるホワイトロイヤルと直接対面することになったコーリー・グッドは、その威圧感と人を操るサイキックパワーに対峙して、帰りのエレベーターの中で震えが止まらなかったことを話しています。

それなのに、ドランヴァロのような存在が現れて、人々を催眠から目覚めさせるような話やワークをあちこちで始めたわけですから、彼らは黙って放ってはおきませんでした。ドランヴァロはオフステージで、彼らに何度も命を狙われたことを話してくれました。

ところが、地球の波動が上がるにつれて、世界はワンネスの方向へと向かい、彼らはこのままでは自分たちが存続できないことに気づいたのです。そこで彼らが何をやったかというと、ふたたびドランヴァロのところにやってきて、今度は「何とか自分たちが助かる方法はないか？」と聞いたのだそうです。

まさに、二極性の極み、という感じですが、ドランヴァロは「何とか助かる方法があるといいのだけど、**もう無理なんだよね。彼らにはハートがないんだよ**」と言います。

私だったら、「今まで命を奪おうとしていたくせに、今度は助けてくれ、なんてよっく言うわね！」と憤慨しちゃいそうですが、メルキゼデクたちは、とにかくすべてを助ける方向に向かうのです。それが自分の命を狙った人であろうと、闇の存在であろうと光の存在であろうと、関係ないのです。宇宙のすべての生命に対して、愛をもってサポートしようとする人たちなんですね。

コーリー・グッドがホワイトロイヤルと対面したのも、「手下たちはみんなくれてやるから、自分たちだけ太陽系圏外に逃がしてくれ」という交渉話を聞くためでした。これまた、なんという身勝手な！　なんて私などは思ってしまいますが、これも、銀河連盟の存在たちにあえなく却下され、支配階級にいたレプタリアンたちは、もう手だてがない状態になっています。

ハートがない、つまり脳のエゴイスティックな部分のみで生きてきたレプタリアンは、このアセンションに向かう宇宙の中で、もはや種としては存続できないことが決定しています。

次元の壁――シとドの間の大いなるヴォイド

グレイは、非常に知性の高いＥＴです。

ですが、彼らはその知性のゆえに、あまりに合理性を追求し、自らの女性性を切り捨ててしまいました。そのためにバランスを崩し、こちらもまた宇宙での存続が難しい状況になったのです。彼らはそのことに気づき、グレイとしての種は絶えてしまうが、何とかハイブリッドをつくって自分たちの知性をそこに残そうと考えました。

そこで目をつけたのが、彼らが失ってしまった感情体を「豊かに」備えている人類だったのです。グレイと人類のハイブリッドをつくる試みは成功し、グレイの知性は、ダリル・アンカ氏がチャネリングするバシャールの種族に継承されています。

グレイたちは、テクノロジーでもって、次元の壁を超えようとしていたのです。

次元の壁とは、音楽でいうところのシの音から、次のドの音へ行くこと、オクターヴの壁を超えることです。シとドの間には大いなるヴォイドがあり、ハートの資質からくる内なるテクノロジーのみが、そのヴォイドを超えていくことを可能にします。

グレイのように、どんなに高度に発達したテクノロジーを持っていたとしても、自分の外側につくったUFOでは、大いなる壁（グレート・ウォール）を超えて、13次元の先へは行くことができないのです。

ここに、ルシファーの創造した二極性の宇宙の限界を見ることができます。

AIと太陽フレア

現在、ＡＩ（Artificial Intelligence／人工知能）の問題が取りざたされるようになっています。コーリー・グッドは、ＡＩが銀河のあちこちの星や、そこに住む人々を滅ぼしてきていて、シークレット・スペース・プログラムの中でもＡＩのことが大きな問題になっていると言います。

「２００１年宇宙の旅」や「ターミネーター」をはじめ、ＡＩが地球と人類を滅ぼすことをテーマにした多くの映画がつくられています。いま私たちの世界は、コンピューターに大きく依存していますから、これらの映画のシナリオのように、ＡＩが私たちを滅ぼしてしまうのではないかという考えや怖れが広がっていますが、太陽フレアがやってきて、地球がそれを受け入れ、すべてが変容するとき、つまりアセンションのシフトが起きるときには、地球上のすべてのＡＩが滅びてしまうらしいのです。

地球のローカル・スター・クラスター（周辺星域）に住む、ＤＮＡ的に私たちのいとこのようなETたちが住む星々でも、次々とアセンションが起きていて、実際にAIが消滅していることをコーリー・グッドが伝えています。

これもまた、**二極性の究極のテクノロジーであるAIでさえも、次元の大いなる壁を超えていくことは不可能である、**ということを表しているのではないでしょうか。

脳からハートへ、二極性からワンネスへ

シリウス人であるドルフィンたちも、このルシファーの二極性の試みに加担していましたが、今ではすっかりやめて、ワンネスの世界へと急速に戻って行っています。

かくいうドランヴァロも、天使に忠告されていたのにもかかわらず、一時はどっぷりとテクノロジーの世界に浸っていたそうです。その頃作ったフリーエネルギーの装置なんかがガレージにゴロゴロしているよ、なんて言っていたことがあります。そしてあるタイミングで、そういった二極性のすべてのテクノロジーから退き、いまでは完全にワンネスの世界、神の愛であるフラワー・オブ・ライフの宇宙の住人となっています。

ルシファーの実験のことを思うにつけ、**いま何よりも重要なことは、私たちひとりひとりがこのことに気づき、自分の意思と意図でもって二極性の世界から離れ、もとのワンネスの世界に戻ることではないかと感じます。**

それこそが、脳からハートに意識を帰還させる、ということなのです。

愛、真実、美しさ、信頼、調和、平和、創造主への敬愛の気持ち、などの、次元の大いなる壁を超えていくための資質は、ハートの中にのみ見出すことができます。

脳からハートへ――

二極性からワンネスへ――

現在の私たちほど、ダイナミックな変容を遂げようとしている種族は、宇宙中探しても、そうはいないのかもしれません。それが証拠に、いままでは何十万種という数の宇宙人たちが、地球人類がどのように変容するのかを見に、地球にやって来ています。

フラワー・オブ・ライフが示すとおりに、宇宙はすべてつながっているために、私たち人類がどのように変化するのかは、彼らにも多大な影響をもたらすことなのです。

入れ子状になった心臓の扉を開ける

心臓の中のある特定の場所にスピリットが戻ること。それがアセンションワークの「はじめの一歩」であると言えます。

その場所は、入れ子状になっている二つの空間からできています。

1. ハートの中の聖なる空間
2. ハートの聖なる空間の中の「小さな空間」

ハートの中の聖なる空間

「ハートの中の聖なる空間」は、あなたがスピリットとして生まれた時から、いまこの時

までの、すべてのパーソナルなアカシックレコードが入っている空間です。

ここに入ることで「自分は本当は誰であるのか、どのような旅をしてきたのか」を思い出すことができるようになります。

具体的に記憶が蘇ってくることもありますし、すべてが夢のようなイメージや、暗号のようなものでやってくることもあります。音やバイブレーションで来ることも、皮膚感覚で感じる場合もあります。記憶もイメージも湧いてこないけれど、その空間にいるだけで、感覚や感情があふれ、それによって自分自身を思い出すこともあります。

つまりこれは、新しい智識や情報を外から得ることではなく、自分の内側に携えている記憶にアクセスし、思い出すことです。

そのために、ドランヴァロのミステリースクールは、「スクール・オブ・リメンバリング―思い出すための学校」という名前がつけられています。

私たちはふだん、おもに二つの目を使ってこの3次元を生きていることもあって、聖なる空間に入る瞑想をしたときに、何かがイメージとして「見えてくること」を無意識に期待する傾向があります。

けれども、初めて心臓の中へと入ってみた時に、そこが真っ暗闇だった、ということは意外に多いのです。そこでがっかりしてしまう必要は、まったくありません。まずは自分の身体ごと、心臓の中にいることを感じてみて下さい。五感や感情、感覚をすべて開いて、**その状態になりきること**が大切です。ヴィジョンが見えても、見えなくても、あまり気にせずに、自分の感覚を信頼して続けることです。

最初から、こういうことが得意な人もいれば、少し練習を要する場合もあります。

コツとしては、無邪気な子どもの気持ちになって、遊ぶことです。子どもたちが遊んでいるのを見ると、おままごとであれ、チャンバラごっこであれ、もう、そのものになりきって、全身全霊で遊びの世界に浸っていますよね。

「こうでいいのかしら?」「間違ってないかな?」などと、マインドは確認したがりますが、この遊びに「正しいやり方」などありません。強いて言うならば、あなたが、この瞑想を本気で楽しんでいることが、一番正しいやり方だと言えます。

ハートに入っていく瞑想は、知らない森の中に、ひとりで分け入っていくようなものです。一応、道案内というか、ガイドラインはあっても、実際に森の中の道を歩くのはあなた自身です。実際に森の中に入って行ってみると、そこに見えてくる景色があり、聴こえてくる音があり、五感や感情、直感を通して、あなただけが味わえる、森の体験をすることになります。

これは、実際に森に足を踏み入れることでしか、理解できない意識の領域なのです。どんなに多くの森について書かれた本を読み、何百回も地図を眺めたところで、決して理解できない意識レベルのことなのです。

聖なる空間の中の「小さな空間」

ハートの聖なる空間の、そのまた内側に、小さな空間と呼ばれる場所があります。

この空間に関して、ドランヴァロは不思議なことを言います。

「みんな、心臓の中にひとつずつ小さな空間を持っているけれど、宇宙には、小さな空間はひとつしかないんだよ」

ドランヴァロのこのパラドックスな言葉の意味するところも、瞑想を続けていたら、少しずつ腑に落ちていきました。

ハートの中の小さな空間は、フラワー・オブ・ライフの最初のひとつの球体、つまり創

造主とダイレクトにつながっている場所であり、同時にすべての生命とつながっている場所です。

小さな空間って聞いていたから、ほんとうに小さな場所かと思っていたのに、いざ入ってみたら、宇宙に出ちゃった、という話もよく聞きます。それは、ハートの小さい空間の、もう一つの真の側面でもあります。

ドランヴァロは、地球の中心に、とても小さなひとつのスポットがあり、そこには地球の外側に見出せる宇宙とまったく同じように、すべての恒星や惑星が同じ配置で並んでいることに言及しています。つまり、地球は、私たちとまったく同じように、ハートの小さな空間をその中心に携えています。

神の創造——何もないところからどんなものでも創り出す

ハートの中の小さな空間は、ダイレクトな神の創造の場所です。この空間では、私たちは、何もないところから、どんなものでも創り出すことができます。

何もないところから、どんなものでも創り出せる、というと、インドのマスター、サイババを思い出す人も多いかもしれませんね。

実のところ、サイババは、メルキゼデクのワークに深く関わっていたそうです。それは、「トライ・フェーズ――Tri-Phase」と呼ばれるハイレベルのワークで、メルキゼデクのワークにとって、非常に重要なワークだったのだそうです。

実際、私たちはサイババと同じように、ハートの小さな空間から、自分が意図するところのものを創り出すパワーを持っています。けれども、私たちのほとんどは、自分が内側に持っているこのパワーのことや、その使い方を忘れてしまっています。

『ダイヴ！ into ディスクロージャー』にも書いたように、私たちが持っている真のパワーに気づくことを恐れている存在たちが、非常に長い間、私たちのマインドをコントロールしてきたことも、私たちが自分の力ではなく、外側にある力に依存して生きるようになってしまったことの、大きな原因となっています。

ですが、彼らによるコントロールも、いまはフェードアウトしていこうとしています。

自分の内側に持っている真のパワーを思い出し、そこにアクセスして使うかどうかは、私たちそれぞれの自由意志にゆだねられています。

このパワーを思い出して「よーし、使いましょう!」という意図さえ持てば、私たちは必ず、そこにアクセスできるようになります。

それでは、ハートの聖なる空間から、そこからどうやって小さな空間に行けばいいのでしょう?

それはとてもシンプルです。あなたの意図の力を使うのです。

小さな空間に入ることを意図することで、あなたの意図に従ってエネルギーが動きます。そして、自然に小さな空間へと導かれて行きます。

シンプルなことは、かえって難しく感じたりしますが、実際にやってみると、なるほど、とわかることが多いのです。

ハートに入る方法

ハートに入る方法は、世界中にいくつもあるようです。

ドランヴァロとダニエル・ミテルの共著『ハートへの旅』（ナチュラルスピリット）には、さまざまなハートへの入り方が紹介されています。

ドランヴァロが創設した「ＡＴＩＨワークショップ」でおこなっているハートに入る方法は、世界中の、可能な限り多くの老若男女が入りやすいようにと工夫された方法です。

この方法では、現代人の多くが意識を置いている脳の中から、身体の中を通って下へと降りていき、心臓の裏側から中へと入っていきます。

この方法は、どちらかというと男性的な方法と言えますが、いったんハートの空間を体験し、瞑想をかさねることで、それがどんな場所なのかわかってくると、そのうちイメージを切り替えるだけで、ポンとハートに入ることができるようになります。こちらのやり方は、女性的な方法と言えるでしょう。

男性的な方法というのは、どちらかというと、直線的、連続的なアプローチです。

それに対し、女性的な方法は、曲線的、非連続的なアプローチをします。

たとえば、東京からセドナに行こうと思ったときに、男性的な方法を取るなら、まずは成田空港まで行って、そこから飛行機に乗り、どこかの空港を経由してフェニックス空港まで行き、そこでレンタカーを借りてハイウェイを北上する、といった直線をつないで行く経路を辿ります。

もしあなたが、女性的な方法でセドナに行こうと思えば、家に居ながらにして目を閉じて、ポンッとイメージをセドナに切り換えます。そして次に目を開けたときには、あなたはもうセドナにいるのです。

女性的な方法は現実的ではない、と感じるかもしれませんが、瞑想では3次元の時空間の感覚を超越していきますから、とても役に立ちます。そして、そう遠くないうちに、この女性的な方法が、実際に現実的な方法となっていくことを密かに確信している私です。

私のハートの空間体験

参考までに、私のハートの聖なる空間と、その中にある小さな空間の体験を書いておきましょう。とはいえ、人によってハートの空間の体験はまったく違いますから、何よりも自分が体験したこと、味わったことを一番大切にして下さい。

２００７年の秋、私は初めてドランヴァロの来日ワークショップに参加したのですが、その少し前の同年６月に、ドランヴァロの奥さんであり、女性性カバラのイメージワークをおこなうクローデット・メルキゼデクが来日したのです。

５日間のクローデットのワークショップは、ほとんど説明や解説のない、徹底的なイメージワークでした。マインドが動く隙を与えず、次々とイメージを誘導していくワークでは、思わぬところで感情のクリアリングやトラウマのヒーリングが起こり、そのときの私には、まるで魔法のように感じたものです。

たしか３日目か４日目だったと思いますが、クローデットは、イメージを使ってハートの空間にアプローチするワークをおこないました。ここで、私を含む多くの人が、簡単にハートの聖なる空間に入ってしまったのです。

私にとっては、初めてのハートの聖なる空間の体験でしたが、そのときは、それが聖なる空間であることにも気づかないくらいでした。

私のハートの聖なる空間のイメージは、このときの体験がベースになっています。

✳

気がつくと、私は広い野原にいました。

心地のよい風が吹き渡り、太陽の光を受けて、金色に輝く草がなびいています。

正面にはなだらかな山があり、そこから曲がりくねった小道が野原の方へと続いています。背後には、深く静かな森が広がっていました。

右手を見ると、そこには2頭の白っぽい色をした馬がいて、目が合った瞬間に、震えるくらい懐かしい感情に襲われたことを覚えています。

左手には、木造りの小さい家があり、入ってみると、ああ、ここに帰って来た、という感覚がやってきて、そこがまさに自分の家であることがわかりました。部屋は適度に散かっていて、ロッキングチェアが揺れています。暖炉があり、やかんから湯気が立っていました。小さなキッチンの奥にドアがあり、そのドアを開けて外に出てみると、そこは、すべてが青く、青い夜のような世界でした。

ドアからまっすぐに続いている道を歩いて行くと、秘密の庭に出ました。

どうしてそこが秘密の庭だと感じたのかはわかりませんが、これが秘密の場所である、ということだけは、なぜかわかったのです。この庭には、さまざまな植物が息づいているのですが、木々も、草花も、土さえも、すべてが青い色をしているのです。

庭の左手は、すーっと地面を滑り降りるような傾斜になっていて、すべり台のように降りてみると、そこは半地下の薄暗い部屋になっていました。天井はあまり高くなく、ここもまたすべてが青色なのですが、秘密の庭よりは少し薄い青色に感じます。

部屋の正面にはアルター（祭壇）があり、床には大きめな座布がいくつか置いてあって、直感的にここで瞑想すればよいことがわかりました。

＊

クローデットのワークが終わってからも、家で瞑想するときには、必ずこの場所に行っていましたが、ある日行ってみたら、先に誰か来ていて、座布に座って瞑想しているではありませんか。

それは、ずいぶん前に亡くなった父でした。

父は、大学に進学する際に、ほんとうはインド哲学を勉強したかったのだそうです。けれども、第二次世界大戦前後の、日本全体が貧しく大変な時期でしたから、家族を養うためにはインド哲学ではお金にならない、と私の祖母に説得されて、泣く泣くあきらめたのでした。

その後しばらくの間、この空間に行っては、父と一緒に瞑想をしていましたが、いつの間にかそれもしなくなりました。けれども、この体験をしてから、前よりもずっと愛おしく、近くに父のことを感じるようになったのです。

アンドロメダ存在との出会い

こんな感じで、聖なる空間にはすっとなじめましたが、小さな空間がどこにあるのかは、ずっとわからないままでした。

何となく、アルターの奥にあるのでは、という感じがしていたので、ある日、意を決してアルターの裏側に行ってみたのです。そこには、小さくて黒っぽい色をした穴があり、じっと見ていたら、自然にそこに吸い込まれてしまいました。あっと思う間もなく、気がつくと私は宇宙に放り出されていました。「わー、宇宙に出ちゃった、どうしよう！」と少しばかりパニックになって、急いでアルターの裏側に戻ったのです。

それからは、アルターの裏側が小さな空間、ということにして、その辺りで瞑想することにしました。そうしていると、その場所が、半畳くらいの、壁に囲まれたとても小さい部屋に感じることもあり、また日によっては、いつものアルターの裏側だと感じたりしていたのですが、ある時びっくりすることが起きたのです。

いつものようにアルターの裏側に行ったら、そこは巨大な宇宙船の中でした。宇宙船の正面は大きく広い窓になっていて、その先に果てしなく宇宙が広がっています。気がつくと、私のすぐそばに、背がとても高くて細く、白い光を発している宇宙人が立っていました。その人は、慈愛と親切心、優しさと奉仕のエネルギーに満ちていて、水色に近い美しい青色の目で、私をじっと見つめています。この人に見つめられて、私の中に、温かくてうれしい気持ちが広がっていくのがわかりました。

正面の窓のあたりに、やはり白い光を発している、背の高い宇宙人たちが何人かいて、それぞれの仕事をしているようでした。

この人たちはアンドロメダの人々なのではないか、という思いが浮かび、「アンドロメダの方ですか?」と聞くと、「そうですよ」と答えてくれました。いま、地球の周辺に宇宙船を停泊させて、そこから人類をサポートしてくれているようなのです。

私といえば、この白く光る美しい人たちと自分がいったいどういうつながりで、どのように役に立てるのか、いまだに皆目わかっていません(苦笑)。

ですが、彼らが私の潜在意識に働きかけて、私の中の何かを促してくれていることを感じています。

マインドから離れてみる

「ハートの中に入れているのかどうかよくわからない」という相談を受けることがあります。**こういった悩みは、たいていマインドから発せられています。**

私自身、マインドからハートへ意識を移すことに、かなり時間がかかったこともあり、よくわかる悩みでもあります。

何せ1万3000年もの間、私たちはマインドに意識をおいて生きてきたわけですから、マインドもそう簡単には、今までの役割をハートに譲ろうとはしないんですね。

とはいえ、私たちはどこかで、マインドから離れることを始めなくてはなりません。

それには、まずは**マインドを否定せず、マインドの動きをよく見てみる**ことをお勧めします。マインドには、カクニンくんという別名があります。私が勝手に付けたニックネームですが。カクニンくんは、この3次元を生き抜いて行くために、安全をはかり、確実で大丈夫な状況であるかどうか、つねに確認することが必要であると信じています。

「ハートに入れているかどうかわからない」というのは、確実にハートに入っているかどうかを確認したい、というマインドの声だったりします。この声にずっとしたがっていると、あれもこれも確認しなくてはおさまらなくなり、気がついたら、確認作業で一日が終わっていたりします。

カクニンくんの気持ちや役割も理解した上で、「ハートに入っていても、入っていなくても、どちらでもいいよ」と、気楽な気分になって、自分をマインドから解放してあげましょう。そして、いま自分の意識のある場所を味わい、感じて、ただ「体験してみる」ことに集中してみるといいと思います。

マインドは、論理的、合理的、経済的、安全、確実なことなどを最優先します。

それにひきかえ、ハートの言語は、夢やイメージ、感情や感覚、遊び、といったことなのです。あなたが、楽しい、うれしい、大好き、感動、安心、しあわせ、などのバイブレーションの中にいるとき、ハートの空間はとても見つけやすくなります。

ハートに入りづらい要因①／感情的トラウマ

ハートに入りづらくしている要因として、マインドの動きの他に、大きく分けてふたつの原因が考えられます。

ひとつには、感情的なトラウマ、ということがあります。

私たちは、現世においても過去世においても、辛かったことや悲しかったこと、痛みや罪悪感などのトラウマを抱えています。また、ご先祖さまたちから引き継いでいるDNAには、トラウマティックな情報も書き込まれています。

ハートに入ろうとすると、まずは、そういったトラウマに触れることになり、「痛いので入らないで！」と、細胞レベルから拒否されてしまうことがあるのです。

私自身、ハートに入ることを試みていた頃に、えいやっとハートに入ろうとすると、実際に心臓に痛みを感じてしまい、入れないことが何度かありました。このような場合でも、十分なヒーリングを施すことで、自然にハートに入りやすい状態になることができます。「ＡＴＩＨワークショップ」では、４日間かけてハートに帰り、生きたマカバフィールドを活性化させていきますが、２日目はに、丸一日かけてヒーリングをおこないます。そうやって、ハートに入れる状態にしていくのです。

ドランヴァロは、私たちの感情体はとても傷ついており、これを癒すことは人類にとって急務なのです、と言っています。

まずは、自分の内側を見て、いままで見ないようにしてきた、癒しを必要としている部分に、意識の光をあてることからはじめましょう。

何気ない人との会話や、ちょっとした出来事にトリガーされて、思いがけずに自分の傷ついている部分が見えることがあります。そういう機会を逃さず、自分の反応や感情をその場でキャッチして、出てきた感情を否定せずに、傷ついている部分をやさしく癒してあげて下さい。

ハートに入りづらい要因②／信念体系

もうひとつの、ハートに入りづらくしている原因に、信念体系があります。
信念体系とは、マインドがつくり出した方程式、とでも言えばよいでしょうか。
「X＝Y」、「こういう時は、必ずこうなる」といった固定観念であるとも言えます。

宇宙のどこかから、はるかこの三次元の地球にやって来た私たちは、生まれてくると、まず地球での生き方を学ばなくてはなりません。物心がつく頃までは、100％チャクラを全開にして、周囲の人々の考え方や行動パターン、物事の在りようを吸収していきます。
その中にはもちろん、生きていく上で必要なことや、役に立つこともたくさんありますが、中には自分というスピリットを枠の中に閉じ込めて制限し、収縮させてしまうことがらも数多くあるのです。

感情的なトラウマ同様、信念体系にも意識の光をあててみましょう。

自分自身を制限したり、縛り付けていた固定観念をひとつずつ理解し、解き放っていくことで、私たちは、持っている翼を広げ、まったく自由にハートの大空を飛ぶことができるようになります。

Chapter 4

ハートが脳を愛するとき

ハートの世界

ハートの聖なる空間と、その中の小さな空間に入ることを覚え、そこに意識が住まうようになると、深くしあわせな感覚に満たされます。

それは、自分というスピリットのおおもとの感覚でもあります。

スピリットは、本来、よろこびです。

ハートの中で、私たちは子どものようになり、何かをしたり、どこかへ出かけたり、誰かを好きになったりすることに、理由を必要としなくなります。

ただ呼吸をして、いま、ここにいるだけで、うれしくて、ありがたい気持ちが湧き上がり、肩の力がふっと抜けて、身体もこころも楽になっていることに気づきます。

ハートから生きることを思い出す前は、他の人々と違う自分のことが気になり「これでいいのだろうか」などと悩んでいたのに、いつのまにか、ありのままの自分であることを100%自然に受け入れている自分自身に気づきます。

人も自分も、みんな違うからこそ、この多様性に富んだ世界を一緒に創造できるのだということがわかり、ますます楽しくなるのです。

闇と光のせめぎあい――二極性の極限

それとは対照的に、現在の3次元の世界は、二極性の極限ともいえる状況の中にあります。

まっしぐらにアセンションへと向かうこの星の上で、闇と光のせめぎあいは、ますます激しくなり、闇も光も、それぞれのパワーをますます強めているかのようです。

その中で私たちは、どうにかこうにかバランスを取りながら、大きな変化の中を毎日エネルギー・サーフィンしながら生きています。ときにはバランスが取りきれなくなって、転んでお尻をぶつけたり、手に負えないような大波に飲まれてしまうことさえあります。

いつもハートに意識をおいて生きている人でも、そんなときには、思わずハートからポンと飛び出して、意識がマインドに行ってしまったりします。

マインドには未来が見えない

約1万3000年前のアトランティスにおける転落以来、私たちはマインドから、この3次元の世界を創造してきました。

それは、いまの社会や世界を見渡してみれば、一目瞭然です。

マインドがつくりあげた世界では、上と下があり、良いと悪いがあり、上に行かねばならない、良くなくてはいけない、などの固定観念でもって、マインドはつねに判断しようとします。他人と自分を比較して、どちらが良いとか悪いとか、どちらが上だとか下だとか、そんなことをずっとやっているのです。マインドは、つねに過去のデータから状況を分析することで現状を把握し、未来に起きることを予想し、計算し、判断しようとしています。

そしてその結論として、たいていの場合、安全で確実な道を行こうとします。

なぜかというと、マインドには未来が見えないのです。

その結果、かなりの確率で、心配や不安、怖れなどが襲って来ます。

「そんな好きなことばかりやっていて、大丈夫なの？」

「お金が足りなくなるんじゃないの？　食べて行けなくなったら大変だよ！」

「そんなこと、きっと無理だよ。できっこないよ。やめておこう」

こういったフレーズは、マインドの常套句とも言えます。

マインドにそう言われてしまって、心配や不安、怖れの感情に飲み込まれてしまったことは、私も何度もあります。

ハートは、いま、いま、いま！

それにひきかえ、ハートには、「いま」しかありません。

いつだって、「NOW、NOW、NOW、NOW、NOW、NOW！」です。

この「NOW（いま）」には、すべての過去と未来が包含されていますから、ハートは未来のことをまったく心配していないのです。直感的に「知っている、わかっている」という感覚がつねに存在しているので、宇宙の流れやタイミングを完璧に信頼しています。

また、これは私の感覚ですが、ハートの中では、過去、現在、未来が球体状になっていて、「現在」というカーソルを360度方向、どちらにでもに動かすことができます。カーソルを動かすたびに、過去と未来も一緒に動きます。

つまり、未来は自分の思ったとおりに、自在に変えることができるのです。

また、**ハートの中では、時空間は柔らかく曲線的で、くにゅっと曲げたり伸ばしたりすることができます。**ハートの世界は、つねに、LIGHT&LIGHTな世界、つまり、軽くてカラフルな光にあふれた世界なのです。

マインドというエネルギー構造

それとは対照的に、マインドの中では、過去、現在、未来は直線的で固定的です。

過去はつねに現在の後ろにあり、未来は前にある、という基本設定がありますから、「大丈夫、大丈夫、カーソルを動かしたら、自由に変えられるよ」みたいな考えが入り込む余地がないようです。おまけに、マインドにはリピート機能がついています。「もう気にするのはよそう、忘れよう」と思えば思うほど、気がつくとそのことを考えてしまい、心配になっている自分がいます。

マインドとは、頭の周囲にあるエネルギー構造です。ひとたび回路がつくられると、その回路の中をエネルギーが巡るパターンができます。

厄介なことに、そういったパターンは、多くの場合、心配や不安、怖れ、イライラや怒りなど、自分のことも、誰のこともしあわせにしてくれない感情を生み出すのです。

エゴが生まれた

前の章に「私たちは原始人からやり直さなければならなかった」と書きましたが、それは、まさに人類の危機だったでしょう。

そんな中でハートから飛び出して、ハートの持っている直感や叡智と切り離されてしまい、マインドだけを使いながら、何とか生き延びて行くしかなかったわけですから、ある意味、マインドは思いっきり鍛えられて、強くなり、王様のポジションについたとも言えます。生存のための食料や水の確保、危険から自分と家族を守ることなどで、精一杯な毎日だったことは、想像に難くありません。そうしているうちに、自分や自分の家族だけは守りたい、助かりたい、という思いがどんどん育ち、その思いが強くなり過ぎて、エゴというものが形成されていったのではないかと思うのです。

エゴとは、自分を他の人々や生命から切り離して、自分、または自分に関係あるところだけよければいい、と考えることのできるエネルギー構造です。これは、他人や他の生命を傷つけますが、このエネルギー構造を使うことで一番傷つくのは、究極的には自分自身です。

私たちは、そのことを直感的にわかっているので、「エゴ的になってはいけない」と、これまたマインドで考えます。けれども、マインドでいくら押さえ込もうとしても、もうそこにはすでにエゴというエネルギー構造があるので、気がつくと、またエゴ的になっている自分がいます。こうやって私たちは、マインドのジレンマにはまってしまうのです。

マインドはいつだって恐れている

そのうえ、マインドはいつも恐れています。

なぜかというと、本来はハートが居るべき座に自分が居座り、王様か女王様のふりをして、日々の生活や人生の舵取りをしているからです。

「ハートは、とにかく鼓動だけ打ってればいいから。あとは全部ボクがやるから！」とでも言わんばかりに、すべてを仕切りたがり、コントロールしたがります。

なのですが、そのうち誰かがハートがマスターであることに気づいて、それを言い出すのではないかと、いつもビクビクしています。そのことに気づかれないように、ハートから気を逸らすために、ココロもカラダも三次元的に忙しくさせておくことをせっせとやり続けます。瞑想しようとして座ったとたんに、「あ、そうだ、○○をしておかなくちゃいけなかった」とか、「○○さんにメールしなくちゃ」とか、「その前に何か食べた方がいいかな」など、マインドがあれこれ言い出した経験はありませんか。挙句の果てには、「なんで○○さんはあんなこと言うんだろう」などと、マインドがつくり出した感情にはまって、瞑想どころではなくなったりします。瞑想は、基本的にはマインドを空っぽにしていく作業ですから、マインドの恐れはピークに達してしまい、一所懸命にあなたの気を逸らし、瞑想をしない方へ向けようとするんですね。

ハートのふりをするマインド

そんなマインドの恐れにもかかわらず、最近はハートに帰ろう、ハートから生きよう、と思う人がとても多くなってきています。ついに再生したキリスト意識のグリッドにアクセスすることで、ハートの中に携えている無条件の愛を思い出しはじめる人が多くなっている、ということなのでしょう。

これは、マインドにとって非常にマズい状況です。ほんとうは全然マズくないのですが(笑)、固定観念の中に生きているマインドくんは、変化が起きることに、超〜弱いのです。

そこで、この状況を何とか回避するために、マインドが思いついたことがあります。

それは、ハートのふりをすることです。「大丈夫。ボクがハートだよ♡」と言い張って、なんとかスピリット（意識）が脳からお引越しして、心臓に帰っていくことを防ごうとします。まだハートの中に意識を置くことに慣れていないと、このマインドのトリックにまんまと引っかかり、マインドにいるにもかかわらず、自分の意識はハートに入っている、と思い込んでしまうことがあるのです。

けれども、このトリックを見抜くためのシンプルな方法があります。

それは、自分自身の感情や気分、感覚に注目することです。

ハートに入っているとき、私たちは理由もなく、楽しく、うれしく、安心な気持ちになり、柔軟かつパワフルな、果てしなく拡大していく意識感覚に浸ります。

マインドは懸命にこの状態をつくり出そうとするのですが、マインドのつくり出す楽しさやうれしさは、限定的で条件付きであり、なんだかザラザラしていて、収縮していったり、固定されたままの感覚がつきまといます。

このように、自分の感情や気持ち、感覚をバロメーターにして、自分の意識がほんとうはどこにあるのかを見分けていくことができます。

これは、とても有効な方法であることを私も体験しています。

マインドからの創造

現在私たちが生きている二極性の世界は、私たちがマインドから創造している世界ですが、それは、私たちの脳の構造に深く関係しているとドランヴァロは言います。

前章でも触れましたが脳には右脳と左脳があり、その間に太い脳梁が存在していますが、右脳と左脳は合わせ鏡になっていると言うのです。

しかも、右脳、左脳それぞれを前後に分けている薄い分離膜があり、4つの部分に分けて見ることができるのですが、これがまた、前と後ろが合わせ鏡になっています。たとえば、右脳の前の部分で争いのない平和な世界を創造したとすると、左脳や右脳の後ろの部分は、同時にその正反対の世界を創造しています。

ドランヴァロは、1960~70年代のベトナム戦争の話を例に上げています。

その頃はテレビの普及もあって、世界中の人々が、こぞって戦争に反対しました。ヒッピー・ムーヴメントの時代でもあり、若者たちはラブ&ピース運動を繰り広げていました。

けれども、その頃は誰しもが、マインドからそれをやっていたのです。

その結果、どうなったと思いますか？　逆に戦争の数が増えてしまったのです。その中の多くは「紛争」と名前を置き換えられていたりしますが。世界中の人々が右脳で平和を創造するのと同時に、左脳ではその正反対のものを創造していたのです。

こうやって私たちは、いいことと悪いこと、素晴らしいことと酷いことを同時に創造し、それをこの3次元の世界に映し出しています。何もわからないまま、脳から生きていた頃のことを思うと、私の人生はまさにその見本のようでした。自分にとっても、人にとってもいいことをやろうと考えて、それを実行に移し、その通りの結果が得られていい気分になっていると、なぜかあとから「あれれれ？」というような、よからぬことが付いてくる。そんなことを繰り返している感じでした。

日照りが続いて、農作物が枯れてしまいそうになり、一所懸命に脳から雨乞いの儀式をしたら、それが上手く行って雨が降り出す。そこまではいいのですが、そのあと雨が降りやまず、どんどん強くなって洪水になり、結局農作物がみんな流されてしまった。

世界中の人々が、世界平和を願い、それを声に出して、プラカードを掲げて街を練り歩く。そうしていたら、なぜか世界のあちこちで紛争が増えてしまった。

そんなことを延々と繰り返す羽目になるのが、マインドから創造した世界なのです。

ハートからの創造

一方、ハートの中の空間は、ワンネスの世界です。

特に、**聖なる空間の中にある小さな空間は、フラワー・オブ・ライフの中心の球体とダイレクトにつながっている空間であり、創造主および、すべての生命とつながっている空間です。**この空間では、自分にとっても、自分以外の誰にとっても、いいことしかイメージできません。逆に言うと、もし自分がハートの小さな空間にいると思って、そこで何かを創造しようとしたときに、それが自分にとっては素晴らしいことだけど、もしかすると他の誰かにとってはちょっと都合の悪いことだったりしたら、たぶんあなたはハートの中にいないのです。

これもまた、自分の意識がどこにあるのかを探る、ひとつのバロメーターになります。ハートから生きるようになると、あなたはすべてを愛さずにはいられなくなります。

なぜなら、あなたはすべてであり、あなたの瞳に映るすべてはあなた自身である、ということをハートの中では直感的にわかってしまうのです。

ハートの中で理解することは、マインドで理解することとは、まったく別のことです。それを言葉で表現するのはとてもむずかしいのですが、トライしてみましょう。

ハートから生きるようになると、あなたは、人生のすべての瞬間を深く感動する映画の主人公として生きることになります。木の葉に落ちた朝露が太陽の光に輝くのを見て、あなたの胸の琴線は震え、美しく鳴り響きます。白い雲の浮かぶ青空や、広がる星空と一体となって、あなた自身が壮大なシンフォニーとなります。

木々や、草花や、動物たちに、すべての人の瞳の中に、自分自身のスピリットの輝きを見出して、愛おしさがハートからあふれ出すのをとめられなくなるのです。

ハートの神聖な空間からあふれ出す愛は、まぎれもなく無条件の愛です。この愛が、宇宙をも創ってしまう原動力なのです。ハートの中の小さな空間からは、私たちは、まったく何もないところから、どんなものでも創り出すことができます。それが、ハートからの創造です。

ハートが脳を愛するとき

ハートの中の小さな空間で夢を見るようにイメージして、創造したことが、この三次元の世界に映し出されるためには、必要なことがあります。

それは、ハートとマインドをつなげることです。

いままでは、脳と心臓は切り離されたまま、脳が一人で走っている状態でした。

意識がマインドからハートへと移動して、ハートの中に住まうようになると、ほんとうの自分の感覚や感情が甦ってきて、自分自身のことを思い出していきますし、そこでいくらでも夢やイメージを使って創造をすることができるのですが、ハートだけでは、この3次元にハートで創造したことを映し出すことができないのです。

ハートがマインドとつながることで、初めてハートの夢を3次元のリアリティとして味わうことが可能になります。

この具体的な技法については、いくつかのエソテリックな教えでは、秘伝、口伝として師から弟子へと伝えられてきたようです。「ATIHワークショップ」では、最終日に生きたマカバが活性化したあとに、この秘密の教えをお伝えしています。

ですが、**これは技法というよりはむしろ、ハートが脳を愛する行為であると言えます。**

ドランヴァロは、これを「ハートのタントラ」と呼んでいます。

もともとは、脳は電気的あり、男性的な器官です。そして、心臓は磁気的であり、女性的な器官なのですが、それが逆転して、心臓が男性的な役割を担い、脳を愛してあげることで、脳によろこびが生まれるのです。

それまで単独でがんばっていた脳は、ハートに愛されることにより、愛されるよろこびを感じて、自ら進んでハートの夢を3次元に映し出すことに協力するようになります。

人体という小宇宙／多次元ネットワークコミュニティ

私たちの身体の中は、宇宙と同じようにネットワークであり、本来はすべてがつながり合っています。

けれども私たちは、どんなものも部分として見る西洋医学的な考え方にあまりに慣れてしまい、自分の身体の中の、全的なつながりを忘れてしまっているかもしれません。

細胞も、内臓や器官も、みんな意識を持っています。最近の科学では、人間の身体とは、バクテリアからはじまって多種多様な生命が集まり、コンタクトし合い、バランスを取り合いながら、ひとつのコミュニティを形成している集合体であることが、明らかになってきています。その様相は、まさに生きた村落と言えるでしょうし、宇宙のなりたちそのものでもあるかもしれません。間違ってちょっと指を切って出血したときには、いちいち脳におうかがいを立てることなく、その場に救急隊的な細胞たちがさっとやって来て、止血します。

身体は、マインドで作り上げた、上下関係のある社会ではなく、ハートから自然に発し、愛によって変化し成長していくコミュニティなのです。それなのに、私たちはさまざまな情報を与えられて、それらを鵜呑みにしてしまい、マインドで身体をコントロールしようとして、バランスを崩しているのではないかと思うのです。バランスが大きく崩れたままになり、身体という村落の中では修復するのがむずかしくなってしまった状態が、「病気」と呼ばれる状態なのではないでしょうか。

ハートから脳に、「愛しているよ」という信号を送ることをしていたら、マインドによって分断されていた身体の中のさまざまなつながりや、絶妙なバランスを少しずつ思い出してきたように感じています。

心臓から脳への身体的なつながりができるのと同時に、エネルギー的にも、ハートの小さな空間で夢見るようにイメージしたハートの創造は、心臓から出ている磁気フィールドをつたい、光のビームをつたって、あなたのレオナルド・スフィアを満たし、この3次元に映し出されます。

あなたは、願うものを引き寄せる必要など、ひとつもないのです。

ハートからの創造を実践することで、必要なものは、宇宙の川の流れに乗って、あちらからやってきてくれます。

コラム②「サイキックとマインドの誘惑」

「ATIH ワークショップ」では、ハートの聖なる空間、その中にある小さな空間にスピリットを移動させたあと、ハートから第三の目（松果体）を開いていくことをおこないます。このワークにより松果体が活性化され、私たちは自然にサイキックになっていきます。

ATIHワークだけでなく、多くの伝統的なスピリチュアルなワークにおいても、私たちはスピリチュアルな成長とともに、いやでもサイキックな能力が開花する過程を通過することになります。サイキックな能力は、ヒンドゥ語ではシッディ（siddhi）と呼ばれ、能力というよりは、むしろ危険なことであると見なされています。

なぜ危険なのかというと、エゴやマインドがサイキックな能力を使うことを始めてしまい、エゴが肥大し、私たちをスピリチュアルな成長から遠ざけてしまう可能性があるからなのです。


ハートから第三の目を使って何かを創造しようとしているつもりでも、それが自分にとってはよくても、誰かの不都合や不利益になることだったり、他を傷つけることだったりした場合、あなたの意識は、おそらくもうハートではなくマインドに行ってしまっています。


ダニエル・ミテルがワークショップの中で話してくれた、おもしろい逸話があります。

彼がチベットの僧院で修行をしていたとき、師に「一緒に来なさい」と言われ、ついて行ってみると、そこでは修行者たちがあちこちで空中浮遊をしていました。ダニエルが「すごい！」とびっくりして見ていたら、師に「あんなのは、たいしたことないから。こっちへおいで」と言われたのだそうです。

世界中でスピリチュアルな修行や体験をしてきたダニエルは「ほんとうのスピリチュアルとは、いい人、親切な人でいられることだよ」と言っています。


私たちは、スピリチュアルな成長をすればするほど、ハートに深くとどまっている必要があります。

ハートに帰ることを後まわしにして、エゴやマインドが欲しがる、いわゆる「サイキック能力」を先に求めることは、結局は遠回りをすることになってしまうのです。

Chapter 5

マカバの真実

マカバとレオナルド・スフィア

「マカバってなんですか？」と聞かれたら、「神聖幾何学のかたちのひとつですよね」と答える人も多いと思います。

たしかにその通りなのですが、マカバにはそれ以上の深遠で重要な意味があります。

マカバは、**この宇宙規模のアセンションの時期には、必ず活性化しておく必要のあるエネルギーフィールドなのです。**

マカバは、正四面体を上下に二つ組み合わせた、星のような、金平糖のようなかたちをしています。英語では、スターテトラヒドロン－Star Tetrahedron、日本語では、星型二重正四面体と呼ばれるかたちです。

あなたの身体は、この金平糖のような神聖幾何学の中にすっぽりと収まっています。

そして、この金平糖、もとい、マカバは、あなたが両手を横に伸ばしたときに、内側から指の先が触れる球体の中に、これまたすっぽりと収まっています。

この球体は、レオナルド・ダ・ヴィンチの描いたカノンという図にも表されているため、ドランヴァロのミステリースクールでは、この球体をレオナルド・スフィアと呼んでいます。ちなみに「スフィア」とは、「球体」という意味です。

いま、よかったら自分の身体のまわりに、星型二重正四面体のマカバ、そして、それをすっぽりと包み込んでいるレオナルド・スフィアを感じてみて下さい。

いまあなたの身体は、この二つの幾何学の中に完全に収まっています。

マカバ（星型二重正四面体）とレオナルド・スフィア

どんな感じがしますか？

もうすでに、マカバが活性化している場合は、光に近い速度で回転しているエネルギーを感じるかもしれません。まだ活性化していない場合でも、そこに「何かがある」感じがするかもしれません。

つねに自分自身の感覚を使うことは、こういったワークを進めていく上で、とても役に立ちます。本にどう書いてあろうと、人が何と言おうと、あなたの感覚そのものが、一番のバロメーターとなります。

私たちは、肉体の周りに1000以上もの数のエネルギーフィールドを持っている、とドランヴァロは言います。その中でも、特に重要なエネルギーフィールドが、このマカバとレオナルド・スフィアであると言えます。

マカバに乗っておうちに帰ろう

あなたが、どんなに遠くの星からこの地球にやって来ているとしても、マカバは、あなたを故郷の星へと運んでくれる、次元間の乗り物です。

ETたちの中でも、高次元からやってくる進化した存在たちは、金属のかたまりでつくったUFOに乗って来たりはしません。彼らは自らの意識で活性化したマカバを使って、次元間移動をしたり、宇宙の彼方からやって来ています。

そしてドランヴァロは「マカバが活性化していないと、アセンションはできない」と言っています。もうほんとうに、きっぱり、という感じで言い切っちゃっています。

地球が星型二重正四面体のマカバを回転させているために、私たちも同じ幾何学のマカバを持っています。

活性化しているマカバは、星型二重正四面体を中心にUFOのような形のエネルギーフィールドが開いていますが、活性化していない場合は、種のような形で、動いていない星型二重正四面体を持っています。種は、生命力を包含してはいますが、静止している状態です。

地球とともにアセンションしていくためには、必ずマカバが活性化している必要があります。

また、レオナルド・スフィアは、ハートからの創造の際に必ず必要となる、とても大切な球体です。ドランヴァロのスクールでは、「ハートからの創造のプロセス」を伝えるときに、レオナルド・スフィアについて詳しく説明し、実際の使い方を伝えています。

ドランヴァロは「このワークは、アセンションということがブループリントにある人じゃないと、決して来ないよ」と言います。ということは、いまこの本を読んで下さっているあなたは、今回の人生の予定表の中に「アセンション」と書き込んであるのではないでしょうか。そうだとしたら、アセンションに必須であるマカバについて、ぜひ知って頂きたいと思うのです。

マカバ活性化法の変遷

ドランヴァロの『フラワー・オブ・ライフ第二巻』の後半には、合成マカバ活性化の具体的な方法が載っています。それは、17呼吸とも呼ばれる方法で、17回の呼吸の間に、ムドラーを組みかえながら、目を上下させ、観想をおこないつつ、光の球体をおなかからハートへと上げていき、最終的に17回目の呼吸でマカバが活性化する、という方法でした。この方法を長い間実践してきた人や、本を読んで試してみた、という人もいるのではないでしょうか。

なのですが。

実は、この方法は、ドランヴァロのスクールでは、現在一切おこなっていません。

２０１１年に、このやり方によるマカバの活性化は完全に終了となっています。

現在、公式にこの方法でのマカバ活性化を教えるファシリテーターは、世界に一人もいないことを明確にしておきたいと思います。

なぜ、いまはこの方法がおこなわれていないのか、マカバ活性化の方法の変遷については、知らない人も多いと思いますので、少し詳しく書いておきましょう。

ドランヴァロが自ら「フラワー・オブ・ライフ・ワークショップ」の中で、この17呼吸のマカバ活性法を教えていたのは、１９８４年から１９９４年までです。

その後、彼はＦＯＬ（フラワー・オブ・ライフ）協会を人に任せ、新たに「アース・スカイ・ハート・ワークショップ」を教え始めます。

その間に「フラワー・オブ・ライフ・ワークショップ」を開催して、17呼吸によるマカバの活性化を教えるファシリテーターは、世界中で約３５０名にもなりました。

私が知る限りでは、日本にもイギリス人とニュージーランド人のファシリテーターがいましたし、私自身、イギリス人のポール・ナイトン氏に、17呼吸による活性化のやり方を教えてもらいました。

この頃、人類の集合意識はまだどっぷりと脳の中にあり、主に、7チャクラシステムでいうところの下の3つのチャクラを使って生きていたと言えます。そのために、ハートに意識を移動させ、そこにとどまることが、かなり難しい時代だったのです。

けれども、人類は、そろそろマカバを活性化させないと宇宙の予定表に間に合わなくなることがわかっていた天使たちやアセンデッドマスターたちは、苦肉の策として、ドランヴァロを通じて17呼吸による合成マカバの活性化を世に広めることにしたのでした。

脳から生み出す合成マカバ

現在はおこなわれていませんが、脳から合成マカバを活性化するのがどんな方法だったのか、参考までに簡単に説明しておきましょう。

最初の6呼吸で、マカバの中を浄化し、極性のバランスを取ります。極性とは、電磁気のマイナスとプラス、女性性と男性性、感情と思考などの意味が含まれます。

次に、イメージを使い、おへそのチャクラのところに、プラーナの光の球体をつくり、それをだんだんと大きくしていき、10回目の呼吸にて、意図とともにこの球体から身体のまわりに、一挙にレオナルド・スフィアを生み出します。

ここであなたは、レオナルド・スフィアの中にいながら、同時に、おへそのところにも光の球体を持っている状態になります。

次に14回目の呼吸にて、おへそのところにある光の球体をハートチャクラの位置まで上昇させます。

そして、15回目の呼吸にて、初めてマカバが回転をはじめます。マカバのエネルギーフィールドが広がりますが、最初はマカバがゆっくりと回転をしているために、不安定な状態です。そこから、少しずつスピードを上げて行き、17回目の呼吸の時に、ようやく光の約10分の9のスピードでマカバが回転するようになります。ここでようやく、マカバフィールドが安定します。

いまふり返ってみても、これはかなり大変な作業でした。

しかも、48時間以内にもう一度この複雑な活性化の手順を踏まないと、マカバは止まってしまうのです。そうなると、もう一度最初からつくり直さなくてはなりませんでした。

一度もマカバを止めることなく、約2年間ほど回転させ続けることができて初めて、マカバフィールドが確立する、というものだったのです。

マカバに関する正しい知識

この合成マカバには、ひとつの問題がありました。

合成でつくり出すために、最初からマカバに関する正しい知識を持っている必要があるのですが、なかなかそうはいかなかったのです。

2007年秋にドランヴァロが来日し、開催された「アース・スカイ・ハート・ワークショップ」では、まず、マカバに関する間違いや勘違いを正すことから始まったくらいでしたから、世界中の多くの人が、間違った知識を使って、合成のマカバを活性化していたことは、想像に難くありません。

ドランヴァロの質問「マカバのディスクはどこから出ていますか？」

参加者「えーっと、ハートチャクラからですよね」
別の参加者「えー、違うよ。おへそからですよね」
ブッブーッ。どちらも不正解です。
マカバのディスクは、第1チャクラ、つまり会陰のところから出ています。

ドランヴァロの質問「マカバの右と左の回転比率はいくつですか？」
参加者「右が34で、左が21だったかな」
ブッブーッ。その逆です。
マカバは、左に34回転する間に、右に21回転します。

そもそも、右と左に回転するということは、マカバの星型二重正四面体はひとつではない、ということなのです。
まったく同じかたちと大きさの星型二重正四面体が三つ、ぴったりと重なっているために、ひとつしかないように見えるのですが、これが活性化して回転を始めた瞬間に、ひとつは左に、ひとつは右に、そして三つめは身体にぴたっと固定されて動かない、というよ

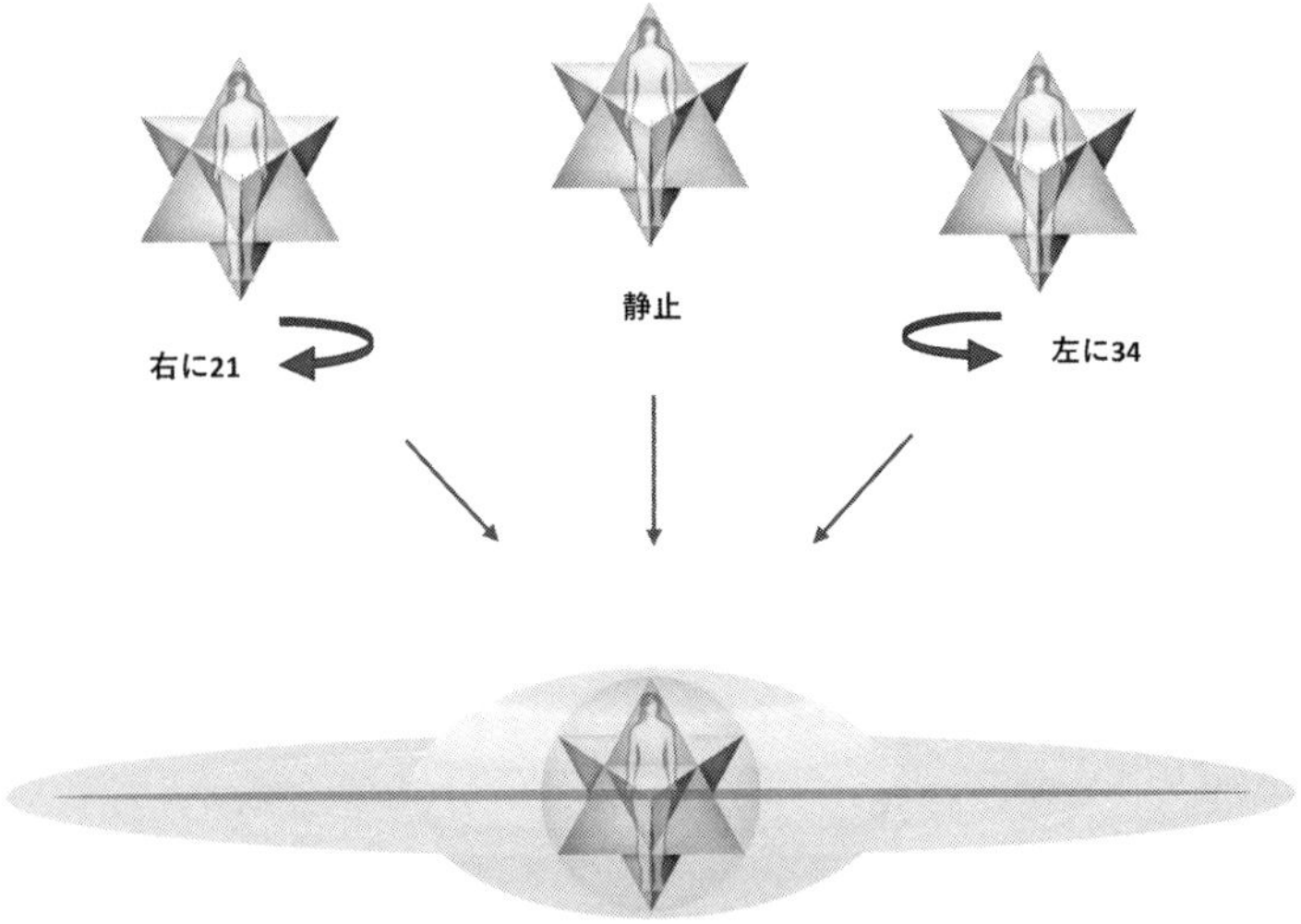

左右にマカバが高速回転すると同時にディスクが回り、マカバフィールドが発生する。

うに分かれて行きます。

左回転、つまり自分から見て反時計回りに回転している方が34回回転する間に、右回転、時計回りに回転している方が21回回転する、ということなのですが、このこと自体、理解していない人もいたのです。

ここで大変注意しなければならないのは、この回転率を逆にすると、つまり、右を早めの速度で回転させてしまうと、私たちの身体に重大な影響を与えてしまうことです。それを続けていると、私たちはだんだんと精気がなくなり、しまいには死に至ることをドランヴァロは警告しています。

ですが、ハートから一瞬で生きたマカバを活性化するようになった今では、そのことを心配する必要はまったくありません。回転数のことや、その他のメカニズムを知らなくても、まるで花が咲き出すように、回転をはじめます。もっと言うと、間違って覚えたことを意図して実践するくらいなら、知らない方がよっぽどいいのです！

もうひとつ、「上が34で、下が21！」と答える人もいました。

この人は、星型二重正四面体の上の正四面体と下の正四面体が、逆向きに回転すると勘違いしていたんですね。これもまた、ブッブーッです。

星型二重正四面体の全体が、右と左に回転します。

この間違いは、死に至らしめることはありませんが、そのやり方でつくったマカバではアセンションしていけないよ、とドランヴァロは言っています。

ふり返ってみれば、ほんとにややこしかったのね、とため息が出そうになりますが、同時に、マカバというもののメカニズムを正確に知るためには、とても役に立つ経験でもありました。

マカバは命に直結している

合成マカバの活性化の方法を世に出す前の1980年頃には、天使たち、アセンデッドマスターたちとドランヴァロは、ハートからマカバを活性化することを広めようとしていました。それが普通で自然なマカバの活性化のやり方だからです。

それは、現在「ATIHワークショップ」でおこなわれているのと同じ順番ですが、まずはハートに入ることに時間をかけ、マカバの活性化はそのあとのことでした。

彼らは、このワークショップを教える5人の女性ティーチャーを育成し、各地でワークショップを開始しました。

ところが、ワークショップに現れたのは女性ばかりで、男性が全然やってこないのです。広い会場は女性で埋まり、男性はたったひとり、一番後ろの席で困り果てている、といった様子でした。アトランティスの大事故以来、私たちはハートのことを忘れてしまい、極端に左脳的になってしまったために、ほとんどの男性は、このハートのワークに興味を持たなかったのです。とはいえ、**進化のプロセスには、女性性と男性性のバランスが重要です。女性だけがハートからマカバを活性化しても、バランスが保てないのです。**

しばらくの間、様子を見ていた高次の存在たちも、「こりゃ、いかんな」となったのでしょう。そこで彼らは、ワークの順番を逆にして、マカバから教え始めることにしたのです。

彼らはまず、私たちがクリスタルに惹きつけられて行くのを待ちました。彼らの思惑どおりに、私たちはクリスタルが生きた存在であることに気づき、どんどんクリスタルに興味を持っていきました。

その次に、私たちはクリスタルの中をのぞき込み、そこにあるさまざまな幾何学に気づき出します。まさにその時、ドランヴァロは神聖幾何学を教えはじめたのです。

それは、1984年のことでした。そして、これはとてもうまく行きました。「フラワー・オブ・ライフ・ワークショップ」は、いままでになかった新しい知識を提供し、論理的かつ明確だったため、左脳的な男性たちも、どんどん惹きつけられていったのです。

そこまではよかったのですが、このワークには、深刻な副作用がありました。

当時、まだ多くの人々の意識は脳の中にあり、大きなエゴを抱えているところに、マカバのような神聖なものを見せられて、一部の人たちが、得た知識を勝手に変えてしまったり、責任を持たずに間違ったことを人々に教え始めてしまったのです。

しまいには、星型二重正四面体以外のかたちの幾何学を人体の周囲に活性化させることをする人まで現れて、それを実践したがために、ひどい目に遭ってしまった人々が出てしまいました。

この事態に気づいたドランヴァロたちは、急いでマカバ活性化のビデオの回収をするなど、この問題を解消すべく最大限の努力をしましたが、一度広まってしまったことは、なかなか修正ができず、この問題は、その後もかなり長い間、尾を引いていました。

神聖幾何学、特にマカバは、私たちの生命に直結しています。

これは遊びではなく、単なる技法や理論でもありません。よい方向にも、そうでない方向にも、私たちの生命に、ダイレクトに影響を与えるものなのです。

その後、次第に私たちの意識はハートへと移動していき、この問題は少しずつ解決へと向かいました。

ドランヴァロがマカバを世に広めていった経緯を思うにつけ、生命への愛と、宇宙の創造への謙虚な気持ちを忘れてはならないことを強く感じるのです。

合成マカバから生きたマカバへ

その後、ワークの順番をもとに戻して、まずハートに入り、そこから生きたマカバを活性化するワークへと向かうために、その準備段階として、ドランヴァロは「アース・スカイ・ハート・ワークショップ」を教え始めます。このワークは、脳が喜ぶ科学や論理的な話も多くありつつ、少しずつ私たちの意識がハートの方へ向かい、無条件の愛の意識に目覚めていくようにデザインされていました。ワークショップは世界中で開催され、2011年まで続きました。この頃のドランヴァロは、このワークを広めるために、まさに世界中を飛び回っていました。

2011年の夏、ドランヴァロはセドナでおこなわれる「アース・スカイ・ハート・ワークショップ」のティーチャー・トレーニングの準備に勤しんでいました。

このティーチャートレーニングには百人ほどの人が参加する予定になっていて、そのための分厚いテキストを用意していたのでしょう。

ところが、明日からいよいよトレーニングが始まるという日の夜に、天使がドランヴァロのところにやって来て、「おかげで、ずいぶんと多くの人がハートに入れるようになったから、どうかな、ここでひとつ、ハートからマカバを活性化することをやってみないか」と言うのです。ドランヴァロは素直に、「いいですよ。やってみましょう」と言って、その場で天使と一緒に、ハートからマカバを活性化することをやってみました。

それまでのドランヴァロは、マインドに偏ってしまっていた私たち人間と一緒に、ずっと合成マカバを使ってきていましたが、久しぶりにハートから生きたマカバが活性化された瞬間、非常に感動したそうです。

生きたマカバは、合成マカバとはまったく違う質感で、しかも金色に輝いていました。

ドランヴァロが感動していると、天使は「じゃああなたは、明日からこのマカバを活性化させるティーチャーを養成して下さい」と言い残して、行ってしまいました。

まったく予定になかったこの成り行きに、ドランヴァロが途方に暮れてしまったのは、無理もありません。

ATIHワークショップの誕生

翌日になり、ティーチャートレーニング初日の朝、困り果てたドランヴァロが壇上に上がりました。そして、頭をかきながら「それが、天使が言うにはね…」と切り出したのです。ドランヴァロの、あまりに困ってしまっている様子を見るに見かねた参加者のひとりが、「ドランヴァロ、それじゃあとにかく、あなたが天使と一緒にやった、ハートからマカバを活性化するという方法をみんなでやってみませんか」と提案します。ドランヴァロは「そうだね、やってみよう」と言って、みんなでハートからマカバを活性化する瞑想をやってみたのです。

みんなの生きたマカバが活性化された瞬間、いままでにない、素晴らしいバイブレーションが会場に満ちあふれました。何かすごいことが起きた、ということを会場にいた全員が感じたのです。

こうなったからには、何としてもハートから生きたマカバを活性化するワークをやろう、それを教えるティーチャーになろう、という気持ちがみんなの中に湧き上がり、テキストも何もない状態から、このティーチャートレーニングが始まったのでした。

かなりの困難な道のりも、参加している人々の感動や情熱が車輪を押して、このワークの初めてのトレーニングが進行したのです。

この新しいワークショップは、名前もなかなか決まらず、何度も変遷したことを記憶しています。そして最終的に、「ＡＴＩＨ（Awakening the Illuminated Heart）ワークショップ」という名前になりました。

ＡＴＩＨとは、「悟りを得たハートに目覚める」という意味です。

私自身は、翌２０１２年の１月から２月にかけてメキシコでおこなわれた、２回目のティーチャートレーニングに参加しました。その時までに、コンテンツやテキストが、ほぼ完成していたことには、いたく感動しました。短い期間に、多大な努力を惜しまず、エネルギーと時間と情熱を注いでくれたドランヴァロとダニエル・ミテルをはじめ、多くの先輩ティーチャーたちに、ハートの底から感謝しています。

ハートから活性化させる生きたマカバ

「ＡＴＩＨワークショップ」が始まる前の数年間、私は合成マカバを活性化させていました。そのために、ハートから生きたマカバが開いたとき、深い感動を味わうと同時に、二つのマカバの違いをつぶさに体感することになりました。

複雑なプロセスを必要としていた合成マカバの活性方法とは違い、この**生きたマカバを活性化するために必要なことは、ハートの中の小さな空間にとどまり、そこから呼吸をすることだけです。ほんとうに、シンプルなのです。**

だからこそ、脳からハートへと意識を移動させて、ハートの中にとどまることがとても重要です。

この二つのマカバの違いは、造花と生きた花の違い、というのがぴったりです。

造花を作るためには、花びらの数や色、形、大きさなど、正確に知らなくてはいけないことがたくさんありますが、生きた花は愛の水を注ぐだけで、咲いてくれるのです。

合成マカバは、超精巧にできたコンピューター、というイメージでしたが、ハートの小さな空間から活性化する生きたマカバの、その質感やバイブレーションは、まさに「生きている」としか言いようのないものです。

ちなみに、私の生きたマカバは、見たことのないような白い色に光り輝いていました。しばらくの間、二つとも回転していましたが、合成マカバの方は少しずつ存在感が薄くなり、しまいにはフェードアウトしていったのです。

自分専用の小型宇宙船

がんばって手順を覚えて、ほぼ毎日マカバ瞑想をすることによって活性化していた合成マカバは、3次元の日常生活でも非常に役に立ってくれていましたし、さまざまなネガティヴなエネルギーから自分を守ってくれる、ありがたいエネルギーフィールドでした。

そういった機能自体は、生きたマカバも基本的に同じなのですが、根本的な何かが、決定的に違うのです。生きたマカバは、ダイレクトにその人の変容を促し、スピリットの成長に関わっていることを感じます。

マカバの遷移は、たとえて言うならば、ゴキゲンな車を乗り回していた私のところに、ある日突然、自分専用の小型宇宙船が舞い降りて来たようなものでした。

しかもこの宇宙船、ひとたび活性化したなら、あとは恒久的に作動し続けます。

生きたマカバに必要なことは、あなたの愛と意識が注がれていること、それだけです。

それさえあれば、マカバは自分の身体の一部のようになって、ぴったりとあなたに寄り添ってくれます。

星型二重正四面体はエンジン部分

マカバと言えば、星型二重正四面体を思い浮かべる人が多いと思いますが、これはマカバの**動力部分**だと思って下さい。

車にたとえて言えば、星型二重正四面体はエンジンであり、エンジンが光に近い速度で右と左に回転をはじめることによって、ブワッと一瞬で車体が開きます。

その車体とは、あなたの第一チャクラ、つまり会陰のところから、半径が約6～8メートルくらいの、非常に薄いディスクと、このディスクの上と下に広がる、UFOのような形のエネルギーフィールドです。（P164図参照）

ディスクは、ちょうどCDとかDVDのように、上から見ると円形ですが、真横から見ると直線にしか見えません。

マカバフィールドの全体像を見ると、まさにUFOのかたちをしています。また、宇宙

クリスチャン・ビルケランド博士の実験中に出現した電磁場

的にみると、ソンブレロ銀河なども、このマカバにそっくりなかたちをしていますし、どの現象も電磁気によって説明できるものだということがわかってきています。

エレクトリック・ユニヴァース（電気的宇宙論）を提唱する科学者たちは、原子から銀河の生成まで、すべてを電気で言い表せると言っていますが、この考え方の基礎を築いた科学者のひとり、クリスチャン・ビルケランド博士[※8]の実験中の写真に、マカバにそっくりな電磁場が出現しているものがあります。

ハートから活性化した生きているマカバは、あなた専用のＵＦＯであり、あなたが愛と意識をもってつながることにより、進化のスピードにターボチャージをかけて、驚くほどの加速をもたらしてくれます。

※８　クリスチャン・ビルケランド博士：（1867年－1917年）ノルウェーの物理学者、発明家。実験室で人口オーロラを発生させた。７度ノーベル賞の候補となり、ノルウェーの紙幣に肖像が採用された有名な科学者。

中心軸はプラーナ管

マカバを回転させるときに、重要なポイントになるのがプラーナ管です。

プラーナ管は、あなたの身体の中心を通っている、生命エネルギー・プラーナを吸い入れるための管です。下は第1チャクラを通って地球の中へと向かい、上はクラウンチャク

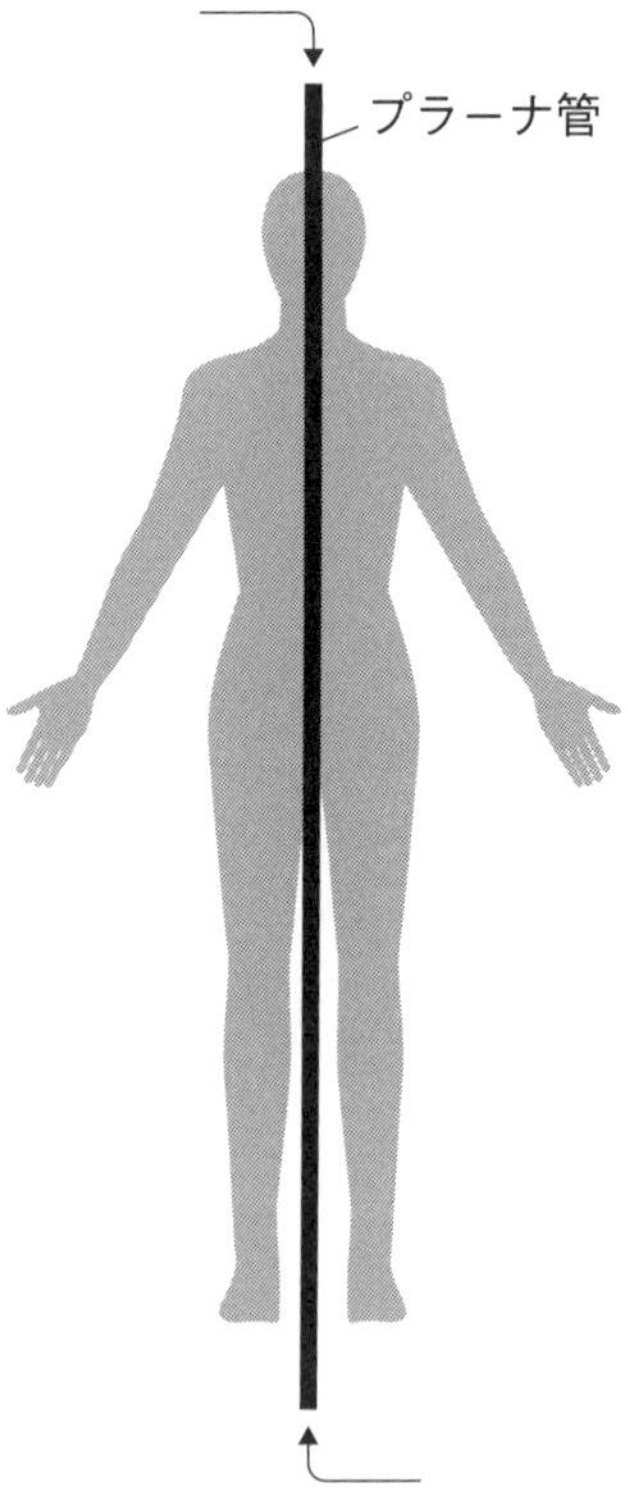

プラーナ管は、体の中心を通っている。
下は第１チャクラから地球の中心に、
上はクラウンチャクラから宇宙に向か
ってまっすぐ伸びている。

ラから宇宙に向かって、まっすぐに伸びています。

あなたの親指と中指で、ＯＫサインをする時のように、輪を作ってみて下さい。できた輪の内側くらいの太さが、大まかな、あなたのプラーナ管の太さになります。

ちなみに、私たちの身体は、まるで宇宙の物差しです。

身体の中に見つけられる長さや比率には、単なる偶然はひとつもなく、厳然たる宇宙の法則にしたがってつくられています。

マカバを活性化するときは、このプラーナ管を使ってハートチャクラにプラーナを吸い入れ、あるタイミングで、吐く息とともに一瞬で活性化させます。

プラーナ管を中心に、マカバは、女性性と男性性、電磁気的なプラスとマイナス、思考と感情などのバランスの中で、回転を開始し、エネルギーフィールドを開きます。

プラーナを取り入れる

それでは、プラーナとは何でしょうか。

ヨガをおこなう人々は、プラーナと呼びますが、気功の世界では気と呼ばれますし、他にも、タキオンエネルギー、オルゴンエネルギーなど、さまざまな呼び方をされています。どれも同じ、宇宙に遍在している生命エネルギーのことを指しています。

私たちはかつて、プラーナだけで生きていましたが、どんどん3次元の下の方の倍音、つまり物質の濃いところへと降りていくにつれて、プラーナ管を使ってプラーナを吸収することをやめてしまいました。そして、そのかわりに、口から食物を摂るようになったのです。私たちは食物から栄養を摂取していると思っていますが、実のところ、食物の中に存在しているプラーナを吸収しています。

いま、私たちの意識が上方へと向かうにつれて、プラーナを食物以外のところからも取り入れることに、注目が集まるようになってきています。また、いま地球に生まれてきている子どもたちのなかには、まったく食べない子たちもいます。

食物でも、ローフード（非加熱の食物）や酵素には、調理した食物よりもふんだんにプラーナが含まれていますから、そういった食物に注目が集まることも、意識が上昇していることの、ひとつの現れかもしれません。

身体の中心を通っているプラーナ管については、金星の5次元領域から地球と人類をサポートしているハトホルたちも、基本的にドランヴァロと同じことを伝えています。興味のある人は、『新・ハトホルの書』[※9]を読んでみて下さい。

フォーカスした意図によるプログラミング

マカバの本来の目的は、アセンションして次元の壁を超えて行く、ということですが、実のところ、マカバはこの3次元においても、非常に役に立ってくれるエネルギー・フィールドです。

マカバに、やってほしいことをプログラムしておくと、その通りに実行してくれるので

※9　『新・ハトホルの書ーアセンションした文明からのメッセージ』トム・ケニオン著／紫上はとる訳（ナチュラルスピリット）

す。わかりやすい例をあげると、場の浄化、温度の調節、いやなエネルギーや存在に対するプロテクションなどです。

ここで、少しばかりクリスタルの話をしましょう。

クリスタルにプログラムを入れることができるのを知っていましたか？

プログラムを入れる、というのは、コンピューターに指令を出して、その指令通りに動いてもらう、ということと同じです。実際、コンピューターはクウォーツクリスタルによって機能していますから、コンピューターにコマンドすることは、基本的にクリスタルにプログラムを入れていることなんですね。

場の浄化や、いやなエネルギーが入って来ないようにプロテクトをかける、などのプログラムをクリスタルに入れてみると、実際に、クリスタルがプログラムの通りに機能してくれることが確認できます。

それは、クリスタルが生きものであり、私たちが発信する「フォーカスされた意図」を受け取ることのできる結晶構造を持っているからなのですが、これはドランヴァロが、素晴らしく先を行っている科学者たちとさまざまな実験をしたり、驚くべき装置を創り出していた頃に、科学的な実験をして検証していることでもあります。

クリスタルにプログラムを入れることができるのと同じように、入っているプログラムを消去することも簡単にできます。消去するときも、あなたの意図をクリスタルに受信してもらえばいいのです。

マカバは、クリスタルにとてもよく似ています。

クリスタルと同じように、生きていて、結晶的な性質と、幾何学のパターンとによって振動しています。そして、私たちから送信されたプログラム（フォーカスされた意図）を受信し、それに忠実にしたがって機能してくれます。

あなたが、ひとたびプログラムを入れると、あなたが削除しない限り、マカバはそのプログラムを永遠に実行し続けるのです。

マカバへのプログラム／入力数は無制限

プログラムを入れる際の、クリスタルとマカバの大きな違いは、クリスタルには、誰でもプログラムを入れたり、消去したりできるのに対し、あなたのマカバには、あなたしかプログラムを入れたり消したりできない、ということです。

マカバは、完璧にパーソナルな、生きたエネルギーフィールドであり、あなた以外のどんな存在もコントロールすることのできない、あなたの一部分なのです。

入れられるプログラムの数に関しても、マカバとクリスタルには違いがあります。

クリスタルには、そのクリスタルが持っている面の数だけのプログラムを入れることができます。面の数より多くのプログラムを入れようとしても、もう入らなくなることをドランヴァロは実験によって確認しています。

それに対し、**マカバに入れられるプログラムの数は、無制限**のようなのです。

以前ドランヴァロは、さんざんプログラムを入れまくっていた時期があったようです。「いくつくらいプログラムを入れているのですか？」と質問されて、ちょっと困った顔をしながら、「それがもう、わからないくらいたくさん入っていて、ごちゃごちゃになってるんだよ」と言っていたのが印象に残っています。

けれども、それらのプログラムは、どれもちゃんと作動しているとのことでした。

それからしばらく経って、ふたたびマカバのプログラミングの話になったとき、「最近は、もうほとんどプログラムを入れてないんだよね」と言っていたのです。

その頃のドランヴァロは、ますますハートの深いところにスピリットがとどまって、全方向に向かって愛のエネルギーが放射されていることを感じていたのですが、そうなると、もうマカバにプログラムを入れる必要があまりなくなるのではないかと思います。

とはいえ、ひとたびマカバを活性化させたら、最初は自分のマカバがどんな性質で、どんなことができるのか、いろいろ試してみたらいいと思います。また、怖いことや、心配なことがあったら、マカバでプロテクションをかけるのもいいと思います。

かくいう私も、さんざんやってみていました。けれども、だんだんとハートの中に意識をおいている時間が長くなり、深くハートにとどまっているようになると、怖いことや、心配なことが、少しずつ薄れていき、そういった作業をマカバにやってもらう必要をあまり感じなくなるのかもしれません。

果てしなく自分が宇宙に愛されていることを感じるようになり、宇宙と自分自身への信頼が深まるにつれて、究極的に私たちは、自分を守ろうとすることをしなくなるのかもしれません。

「一番の防御は、無防備でいること」という意味の中国語のことわざがあるよ、とドランヴァロは言っています。「生まれたての赤ちゃんほど、無防備なのに最強のものはない」と言うのです。たしかに、赤ちゃんが笑えば、みんながしあわせな気持ちになって一緒になって笑いますし、わーっと泣くと、みんながオロオロしちゃいますよね（笑）

チベット仏教とマカバ

現在でも、チベット仏教ではマカバの教えを伝えていて、その方法はドランヴァロが教えているものと、ほぼ同じなのだそうです。違うのは、修行者は13回も生まれ変わる必要があり、その間にさまざまなことを学んで、最後にマカバの秘伝を伝えられる、ということです。

伝授された後には、マカバの試験があります。ほぼ裸に近い格好で雪山に連れて行かれ、毛布を1枚渡されて、試験が始まります。付き添って来た人たちは、この修行者に「グッドラック」とお辞儀をして帰ってしまいます。みんなが去ると同時に、この修行者は急いでマカバを活性化し、温度調節のプログラムを入れるのです。そして一夜を雪山で過ごします。

翌日の朝行ってみると、なんと修行者のまわりの雪が溶けているのだそうです。

そこで、「ちゃんと生きていたね。おめでとう！　合格です！」となるわけです。

なんともはや、命がけの試験ですが、彼らは死ぬことなど怖れておらず、それよりも、スピリットが成長できないことの方が、彼らにとってはよっぽど問題なのです。

数年前のマーヴェル映画に「ドクター・ストレンジ」というのがありましたが、この中のワンシーンを観た時に、思わずくすっと笑ってしまいました。まさに、チベット仏教の修行やマカバの伝授のことを言っているとしか思えなかったからです。興味があったら、観てみると面白いと思います。

自分のまわりにマカバフィールドが活性化すると、代理マカバをつくることができるようになります。

代理マカバ

代理マカバとは、自分の家や車、仕事場の自分のスペースなど、基本的に場所やもののまわりにつくって、プログラムを入れておくことができる、という便利なものです。

たとえば、自宅から離れたところにいるときに、家を安全に守る、というプログラムを入れることができます。やり方は、自分のまわりに活性化する時と同じように、対象となる家やものの中心を割り出して、そこにプラーナ管を立てます。このプラーナ管を中心軸にして、一挙にマカバを活性化させます。マカバが回転しているのを感じたら、入れたいプログラムを意図してマカバにコマンドします。

一時的にであれば、自分の家や車以外の場所やものに、代理マカバをつくることも可能です。たとえば、ワークショップを開催するときには、その期間だけ、会場に代理マカバをつくります。そして「参加するみんなが、安全に安心して必要な学びを得る」などのプログラムを入れるのです。ワークショップが終わってホッとして、思わず代理マカバを削除するのを忘れてしまい、数日経ってから気づいて、あわてて遠隔で削除したこともありました。

代理マカバで注意しなくてはいけないことは、決して生命あるものに代理マカバを立ててはいけない、ということです。

たとえば、子どもや家族、一緒に住んでいる動物などが心配なときでも、**生命は、それぞれの進化の道を歩んでいますから、そこに介入してはいけないという宇宙のルールがあるんですね。**唯一、まだ生まれて間もない赤ちゃんが生命の危険にさらされたときは、親が代理マカバを回すことが一時的に許されるのだそうですが、それでも、その子の進化の道を変えてしまうのだと言うのです。

もともとお節介おばさんの私は、このことを学ぶのに、かなり時間がかかりました。

ようやく、こういった宇宙のルールが、深い愛にもとづいたものであることが、少しずつわかってきています。

太陽フレアを受け入れた時、マカバの形が変わる！

地球はいま太陽とディープタントラの関係にあり、太陽の愛、つまり太陽フレアを地球が受け入れたとき、地球のマカバの形が変わるのです。ドランヴァロも、地球のマカバがどんな幾何学になるのかわからないのだそうです。

「えーっ、じゃあ、私たちはどうすればいいの？」と心配する必要はありません。**地球がマカバの形を変える瞬間に、私たちのマカバも自動的に形を変えるからです。**

そのことからも、アセンションとは、地球とともに次元上昇することなのだということをつくづく思わされます。

DNAフィールドとマカバの関係

『インディゴ・チルドレン』という本を書いたリー・キャロルという人がチャネリングする、クライオン[※10]という存在がいます。

クライオンは、マカバフィールドは、ＤＮＡフィールドなのだと言います。

だとすれば、マカバフィールドには、ご先祖さまたちから受け継いでいるものも含めた、「自分」という存在の情報が満ちている、ということでしょうか。

個人的には、マカバフィールド＝ＤＮＡフィールド、という話にとても惹かれます。マカバもＤＮＡも、まだ多くの謎に満ちていて、もっと深く知りたい、理解したい、と思うからです。

チャクラにしても、私たちは身体のあちこちに、チャクラのポイントがあることは知っていますが、実は、身体の外側にもチャクラ・ポイントはたくさんあります。

マカバの星型二重正四面体の８つのポイント（尖っている部分）には、それぞれチャクラのポイントがあると、ドランヴァロは言っています。

私たちの意識が３次元的なところから４次元へと移行していくのにつれて、物質的な身体がどのように身体の周囲に広がるたくさんのエネルギーフィールドと関わっているのか、また、ＤＮＡを４次元的な観点からみたら、それはどのようなものなのか、などといった

※10　クライオン：地球と人類を慈愛とともにサポートしている宇宙的、天使的な存在。クライオンのチャネリング・シリーズの本や、「インディゴ・チルドレン」の著者である、サンディエゴ在住のリー・キャロルが、30年以上前からこの存在をチャネリングしている。
https://www.menus.kryon.com

ことが、だんだんと明らかになっていくのではないかと思うのです。

なんとまあ、エキサイティングな地球のタイムラインなのでしょうか。

マカバに乗って地球と一緒に次元上昇したら、そのあとは広大な宇宙へと出かけていきましょう！

Chapter 6

最後の90度ターン

アセンションの内なる準備、最終章

あなたがハートの聖なる空間にアクセスし、その中にある小さな空間へと入って、意識をとどめておくことができるようになると、小さな空間から生きているマカバフィールドを活性化し、ハートからの創造のプロセスを楽しむことができます。ここまで来れば、もうアセンションへの内なる準備はほぼ万全と言えるでしょう。

なのですが、実はドランヴァロによるアセンションの教えには、この先があります。
２０１３年の春、私はメキシコのチャパラという町にいました。前年の２０１２年にすでにティーチャーになっていた私は、この時、ＡＴＩＨのティーチャー・トレーニングに、アシスタントとして参加したのです。この時も、セドナで開催されるドランヴァロのワークショップと同じように、１００名をゆうに超える人々が世界中から集まって来ていました。日本からも、ティーチャーになることを希望している人が数人参加していました。

最初の5日間は、ドランヴァロが直々に教えてくれる「ATIHワークショップ」がおこなわれ、そのあと1日の休日をはさんで、後半の5日間はティーチャー・トレーニングにあてられていました。

ここでドランヴァロは、私たちに驚くべきことを教えてくれたのです。

それが「最後の90度ターン」と呼ばれる瞑想法です。

最後の90度ターン

この瞑想法は、シンプルに言うと、この3次元の地球から身体ごと消えて、4次元の地球へと移動していくための具体的な方法です。

それぞれの人がそれぞれのタイミングで、自分のハイアーセルフとともに、3次元の地球から4次元の地球へと上昇することのできる方法、個人的なアセンションの方法なのです。

ドランヴァロはとても長い間、この秘密の瞑想法を胸にしまって来たそうです。

そして2013年の春、ついにこれを表に出す時がやってきたのでした。

興味深いことに、ちょうど同じ頃、ゲリー・ボーネルさんが「集団アセンションから個人のアセンションに変わった」[※11]ということを言っておられます。

2012年12月21日の冬至の日、それは、地球にとって非常に特別な日でした。

この日、メキシコのチチェン・イッツァの午後11時11分に、地球と太陽が、天の川銀河の中心と一直線に並んだのです。この現象が次に起きるのは、2万5625年後です。

この前後は、ホピの人たちが「アセンションの窓が開いている」と表現する期間であり、それがどのくらい長く続くのか、この窓がいつ閉じるのか、たぶん誰にもわからないのです。ドランヴァロは、「いまの時期、それがいつ起きるのかを3次元的な時間感覚やカレンダーによって予想するのは、あまり賢明ではない」と言っています。

この宇宙の恩寵とも言える冬至を越して2013年に入り、そこから今日まで、アセンションと呼ばれるとてつもない変化と変容の真っただ中にいる私たちに、集合意識としてのアセンションの可能性だけでなく、個人的なアセンションの可能性の扉も開かれた、というように私は感じています。

※11　参考文献『日本人が知って変えていくべき重大な未来』（ゲリー・ボーネル著／ヒカルランド）

「第18呼吸」

『フラワー・オブ・ライフ第二巻』の中で、すでにドランヴァロは、この個人的なアセンションの方法について少し触れています。

その頃、これは「第18呼吸」と呼ばれていました。

前章で紹介したように、当時まだ大多数の人がハートに意識を置いておくことができず、そのために、マインドからマカバを合成することをしていました。この方法でマカバを活性化するためには、17回の呼吸を必要としていたのです。もちろん、ただ17回呼吸をするのではなく、呼吸と同時にムドラーを組み、眼球を上下させ、観想をしていくのですが、これを正しくおこなうと、17回目に息を吐くと同時に、合成マカバが活性化します。（注：現在はこの方法でのマカバの活性化はおこなっていません）

そのあと、もうひと呼吸することで「あなたはこの世界から姿を消し、しばし新しい住処《すみか》となる別の世界に現れることになる」と、ドランヴァロは述べています。

つまり、18回目の呼吸によってアセンションが可能になることをドランヴァロは示唆していたのです。とはいえ、ドランヴァロは「このきわめて特別な呼吸については、ここでお話しすることはできません」と言っています。

まだ世界中のほとんどの人の意識が脳の中にあり、マカバもマインドから合成で造るしかなかった時代には、個人的に4次元、またはそれ以上の次元へと移動することについては、可能性を示唆するにとどめておく必要があったのでしょう。

『フラワー・オブ・ライフ第二巻』は、日本では2005年に出版されましたが、この本のベースとなった「フラワー・オブ・ライフ・ワークショップ」は1990年代から各地で開催されていました。

その頃をふり返ってみるにつけ、私たちは、実に気の遠くなるようなスピードで進化のカーブを駆け上がっていることがわかるのです。

また、「第18呼吸」に関して、特にハイアーセルフとのつながりがとても重要であることを強調していますが、そのことは「最後の90度ターン」と呼ばれるようになった現在でも、まったく同じです。

次元の壁を超えて次の次元に行くということは、スピリットにとって大きなチャレンジであると同時に、宇宙からのセレブレーション（祝福）です。

そのタイミングは、3次元に意識をフォーカスしている自分が決めることではなく、ハイアーセルフと宇宙にゆだねるしかありません。そのことについては、私の体験談を書きましたので、それも参考にして頂けたらと思います。

ドランヴァロによるイントロダクション

2013年の春、ドランヴァロが教えてくれた個人的にアセンションしていく方法は、呼吸法ではなく、瞑想法でした。

2011年の夏以降、『フラワー・オブ・ライフ第二巻』に書いてあるマインドから合成的にマカバをつくる方法は完全に終了になり、ハートの中の小さな空間から、一瞬で恒久的に回転する生きたマカバを活性化する方法に変わり、その少しあとに、この瞑想の具体的な方法が明かされたのです。
ハートの小さな空間にアクセスし、そこに意識をとどめておくことができる人の数が一定数を上回ったからこそ、ドランヴァロは「最後の90度ターン」を伝えることができるようになったのでしょう。

2013年5月に、ドランヴァロとスクール・オブ・リメンバリングは、「最後の90度ターン」の公開を知らせる動画を制作しました。
〝Last 90 Degree Turn〟Release Announcement〟
https://youtu.be/F94kUmtZoA0
この動画の冒頭で、ドランヴァロは次のように述べています。

「最後の90度ターン」公開を知らせる動画　冒頭より
――ドランヴァロ・メルキゼデク

私は、人生のすべてを瞑想と意識の研究をすることに費やしてきました。

長い間いくつかの部分が欠けていたのですが、ついに知り得た智識をひとつにまとめ上げました。

20年以上もの間、私はマカバ瞑想を教えていましたが、その頃、マカバを活性化するためには17回の呼吸をおこなうことが必要でした。その頃でさえ、私は、第18番目の呼吸があることに言及して、17呼吸の先があることを示唆していたのです。

そしてついに、それを公開する時がやって来ました。

ここからは、この方法を『最後の90度ターン』と呼ぶことにします。なぜなら、この呼び方の方がより適切なのです。ひとたびあなたがこの方法を理解したなら、この呼び方に変えた意味がわかるでしょう。

この方法を世界に向けて公開する前に、私たちは長い時間をかけて考えました。

というのは、この情報は、ほんの少しでも、たとえたったひとつの部分でさえも、決して変えてはならないのです。

そのために、この情報が歪曲されてしまうことなく、完璧性を守ることができるように、私たちはこの方法の公開をスクール・オブ・リメンバリングのウェブサイト上のみにとどめておくことにしました。

この瞑想法を実践するためには、前もって知っておくべき多くのことがあります。まずあなたは、「ATIH（Awakening the Illuminated Heart）ワークショップ」を体験しておく必要があります。「ATIHワークショップ」の中で伝えられる智識は広大ですが、その最後のピースが、この『最後の90度ターン』なのです。あらかじめATIHワークの智識を得ておくことにより、その最後の部分である『最後の90度ターン』を実際に役立たせることができるようになります。

すでに「ATIHワークショップ」を体験しているのであれば、あなたが知る必要があるのは、あとは『最後の90度ターン』だけです。

誘導瞑想へのアクセス法

少し補足説明をしましょう。

ドランヴァロが創設した、メルキゼデクのミステリースクールである「スクール・オブ・リメンバリング」に登録することで、「ATIHワークショップ」に参加することができるようになります。そして、「ATIHワークショップ」に参加した人は、トゥイッション・メンバーになることが可能になります。

トゥイッション・メンバーとは、ATIHワークをより深く学び、もっと智識や実践を深めたい人々のためのシステムです。このメンバーになることで、ドランヴァロが自ら講義する、ATIHワークの20以上もの動画にオンデマンドでアクセスすることができます。

そして、このATIH動画シリーズの最後に、ドランヴァロによる「最後の90度ターン」の解説ビデオと誘導瞑想のビデオがあり、この二つの動画を観ることで、具体的にこの瞑想法が理解できるようになっています。

とはいえ、これらの動画はすべて英語です。トゥイッション・メンバーになったものの、「英語がよくわからない、でもどうしても90度ターンの内容が知りたい！」という人のために、個人セッションで通訳をしたことが何度かあります。

ティーチャーは教えてはいけない

残念ながら、ここでこの瞑想の具体的なやり方を伝えることは、私には許されていません。ATIHティーチャーたちは、この方法を誰にも教えてはいけないことになっているのです。

なぜなら、これは、実践することで、実際にこの3次元のリアリティから身体ごと消えて、別の次元に行くことを可能にする瞑想法だからです。

この瞑想がうまくいくと、つまり、ほんとうにこの3次元の地球から身体ごと消えて、4次元の地球に次元移動することができるが、その人がこの3次元の地球にまた戻って来られる確率は非常に少ない、とドランヴァロは言います。

かつて3次元の地球から個人的にアセンションして行った8000人強のアセンデッドマスターたちの多くは、この方法を使って次元を移動して行きましたが、その中でも3次元の地球と4次元の地球を行ったり来たりすることのできる存在は十数人しかいないのだそうです。

そこから見ても、一度この瞑想が成功したなら、もうあなたは4次元の地球の存在となり、この3次元の地球には戻って来られないと考えた方がいいのです。

それは、この瞑想を実践する本人にとっては素晴らしいことかもしれません。けれども、こういうこと、つまりスピリチュアルなことやエソテリックな教えの真のパワーを理解していない人たちにとってはどうなのでしょう？

たとえば家族の人たちや友人、周囲の人たちは、どう受け取るでしょうか？

少なくとも、ティーチャーたちは、とてもその責任を負うことはできないのです。

これは、あくまでも個人の選択であり、決意であり、その人とハイアーセルフとのつながりにとても深く関係していることなのです。

このような理由から、ATIHティーチャーたちは、このような瞑想法があることや、どこでその情報を得ることができるかを伝えるのみにとどめています。

ここまで読むと、「はあ～『最後の90度ターン』までの道のりは遠いな～」と感じてしまうかもしれません。けれども、信頼を持ってノックすれば、扉は必要な時に完璧なタイミングで、ひとつひとつ開かれて行きます。扉が開くたびにうれしさや楽しさがつのり、同時にスピリチュアルな視野が広がっていくことがわかるのです。

「最後の90度ターン」の情報は、このとてつもなく大きな変化の中に生きる私たちにとって、今後ますます重要な情報になってくることを感じていますから、ここで具体的にお伝えできないとしても、これがいったいどんな瞑想法なのか、ヒントになることをいくつかあげてみましょう。直感のアンテナを使って、あなたにとって必要な情報を受け取って頂けたらうれしいです。

ハイアーセルフと共に実践へ

ハイアーセルフとは、ひとつ上の次元に存在している自分自身です。

私たちが、3次元の道をトコトコ歩いているアリのような存在だとしたら、ハイアーセルフは、それを4次元の空から見守っているワシのような存在、といったところでしょうか。アリさんには、角を曲がったところに何が待ち構えているのかわからないけれど、大空を飛んでいるワシさんにはよく見えるのです。ハイアーセルフとのつながりが強くなると、未来、少なくとも近い未来に起きることは、直感でキャッチすることができるようになっていきます。

ハイアーセルフの願いは、何と言っても、私たちのスピリットとしての成長ですから、つながるようになると、さまざまなアドバイスやメッセージを受け取るようになっていきます。

最初の頃、なかなかつながることができなかった私は、何とかハイアーセルフからのアドバイスがほしいと切に願っていました。そんなとき、ちょっと欲を出してしまい、ネットで要らない買い物をしようとして、パソコンのリターンキーを押そうとした瞬間に、「やめなさい」とひとことだけ、外から強い声が聞こえたことがあります。

びっくりして手が止まり、「今のは何だったんだろう…」と思いつつ、何だかドキドキして、その買い物はやめにしたのでした。それが、ほんとうに要らない買い物だったことが数ヶ月後にわかったのですが、いま思えば、その頃から少しずつハイアーセルフとのつながりができていったように思います。

外から声が聞こえたのは、後にも先にもその時だけでしたが、そのうち瞑想の中でハイアーセルフのメッセージやアドバイスを感じるようになり、こちらから積極的に問いかけるようになっていきました。

そのうち、ハートの瞑想が深まるにつれて、特に「最後の90度ターン」の瞑想で、あることが起きたあとは、ハイアーセルフの存在を意識することが少なくなっていきました。ハイアーセルフが自分とは別の存在、自分の外側にいる存在、という感覚から、自分と重なり合っている、自分の一部分のような感覚へと変わっていった、という感じです。そうなってくると、ハイアーセルフからのメッセージやアドバイスが、あたかも自分が思いついたことのように、タイムラグがあまりない状況でやってきます。

とても大切なことなのですが、「最後の90度ターン」は、必ずハイアーセルフとつながり、ハイアーセルフの主導のもとに実践する、というのが大前提なのです。

90度という角度の秘密

あなたはＵＦＯを見たことがありますか？

かなり前ですが、クルクルと回転しながら曲線的な動きをする、オレンジ色のＵＦＯを東京の夜空に見たことがあります。時々すーっと消えたかと思うと、また違う場所にふっと現れ、そんな動きが何度も繰り返されて私は夢中になってしまい、かなり長い時間見とれていたことを覚えています。

その時は、なぜＵＦＯは自在に消えたり現れたりできるのかが、皆目わからなかったのですが、ずっと後になってからドランヴァロの話を聞き、なるほど、と思いました。

ドランヴァロによると、**90度という角度は、次元を変える時に使う角度**なのだそうです。つまり、ＵＦＯは90度角度を変えることで、消えたり現れたりしているのですね。

それとまったく同じように、私たちも自らの意図と意思を使って90度角度を変えることで、違う次元に行くことができるのです。

ちなみに、角度は宇宙の成り立ちに関する重要な要素のひとつです。神聖幾何学をただ眺めるだけでも、そのことが感覚として感じられますし、物質を形成する分子の構造は立体的であり、それぞれの角度を持っています。また、占星術や風水においては、角度が非常に重要視されます。

歯磨きだって、歯ブラシが歯にあたる角度がとても大事ですよね！
いやいや、この3次元のリアリティにおいても、角度についてより意識的になることには、意外な高次元への鍵が隠れているかもしれませんよ（笑）。

右側のハート

「最後の90度ターン」は、ハートの中の小さな空間に意識があるところからはじまります。逆に言うと、小さな空間にあなたのスピリットが入っていないと、その先に進むことができません。

ハートの中の小さな空間は、この3次元のリアリティから見ると、とても不思議な空間です。私の感覚でいえば、生命エネルギーと潜在的な可能性に満ちていて、同時に夢の中にいるような微細な、繊細な場所、とでも言えばいいでしょうか。ところが、「最後の90度ターン」では、ここからもっと不思議な内側の場所へと移動していくことになるのです。

身体の右側にもハートがあることについて言及している人はほとんどいない、とドランヴァロは言います。ドランヴァロが知っている右のハートについて語っている人は唯一、ラマナ・マハルシというインドの聖者のみだと言います。

右側のハートは4次元的なハートであり、チャクラやプラーナ管と同じように、レントゲンやCTには写りません。詳しくは言えないのですが、最後の90度ターンは、この右側のハートに深く関係しています。

ダイヴ! into 銀河!

この瞑想法の最後には、私たちは文字通り、90度のターンをすることになります。それは、ほとんどバンジージャンプのようにダイヴすることに他なりません。身体ごと銀河の中心へと飛び込み、そこから4次元の地球に戻ってくるのです。そのとき、すでにあなたはこの3次元の地球からは消えています。

実際にこれを実行することは、勇気と決心が必要になりますよね。

でも、大丈夫。なぜなら、この一連の瞑想は、すべて必ずあなたのハイアーセルフの許可のもとで、一緒におこなうことだからです。まだあなたに準備ができていない場合は、ハイアーセルフは決してこれを実行することを許可しません。

その上、ひとたびダイヴしたなら、そのあとは私たちのことをものすごく愛してくれている高次元の存在たちが、すべてはからってくれます。私たちはこの身体（というイメージ）を持って行きますが、４次元の地球では、これは赤ちゃんのボディなのだそうです。そこには私たちのパパやママとなる存在たちがいて、面倒をみてくれるんだよ、とドランヴァロは言います。

私の「最後の90度ターン」体験

２０１３年のメキシコのワークショップで、この瞑想法をドランヴァロに教えてもらったとき、怖さを感じた人も多かったようです。「間違えて消えちゃったら大変だから、練習とかできませんよね」という質問も出ました。

ですが、ドランヴァロは「ハイアーセルフと一緒に練習してみたらいいよ。最後の90度ターンで飛び込む手前までは行ってみたらいいよ」と言っていたので、好奇心でいっぱいになった私はさっそくやってみたのでした。

この瞑想法を教えてもらった日の夜、私はいそいそと瞑想に入り、すぐにハートの中の小さな空間に入りました。それから、教えてもらった通りに、ハイアーセルフの許可のもと、一緒に右側のハートに行ってみました。

そこで、ほんとうにびっくりすることが起きたのですが、これはあまりに個人的なことなので、ここには書かないでおきます。

細胞が泡のように消えていく体験

帰国後、この瞑想にもっと深く入ってみたいと思った私は、毎日この瞑想法をやってみていました。もちろん、最後の90度ターンはせずに、その手前のところまで行っては、また戻って来ていたのです。

ある日、いつものように最後の90度ターンの場所に行って、下に見える銀河の景色をうっとりと眺めていたのですが、そうしたらなんと、足の方から下に落ちてしまったのです。わー、落ちちゃった！　と思うのと同時に、身体の細胞がシュワシュワと泡のように溶けていくのを感じました。けれども怖いという感覚はまったくなくて、それは今までに体験したことがないほどの気持ちよさなのでした。

もうこうなったら、このまま落ちて行って成り行きにゆだねちゃおうかな、という感じになったそのせつな、まるでお母さん猫が子猫の首をくわえて持ち上げるように、ハイアーセルフに引っ張り上げられてしまいました。

もとの場所に戻された私は、座ったままかなり長い時間、放心状態になっていたことを覚えています。もしかするとポカンと口が半開きになっていたかもしれません。後にも先にも、瞑想から戻るのにこんなに時間のかかったことはなかったと思います。

この体験は、私の中の何かを永遠に変えてしまいました。

どんな風に何が変わったのか、言葉で説明するのはとても難しいのですが、細胞レベルから、ものの見方が変化してしまった、とでも言えばいいでしょうか。

そして、不思議なことに、このあと、ハイアーセルフのことをあまり意識しなくなったのです。別の言い方をすると、ハイアーセルフが自分の外側にある存在のように感じなくなりました。質問して答えをもらうことをしなくても、思いつくことや、浮かぶ考え、日々起きてくる出来事などに、すでにハイアーセルフからの答えがある感じです。

えっと、まだ質問してませんけど、みたいな感じなのです。

この体験を通してひとつはっきりとわかったことは、この瞑想法をちゃんと最後まで実践すると、つまり私のように足から落ちたりせずに、ちゃんと90度にターンすると、確実にこの世界から身体ごと消えて、別の次元へと移動していくことができる、ということです。また、そこには怖れや不安、心配などの感情が入る余地がないこともわかりました。

誠実で正直なスピリットが、この3次元の現実を生きていくことは、ほんとうに大変です。特に高い周波数の場所からやって来ているスピリットにとっては、ここはとてもしんどい世界でしょう。

けれども、もうここに居たくないから、90度ターンして4次元に行っちゃおう、と思っても、たぶんハイアーセルフはOKしてくれないと思います。私たちはそれぞれ、ここにいる意味があり、学ぶべきことや、やるべきことがあります。そして、次に行くべき時がきたら、必ずハイアーセルフと宇宙の流れが、そこに向かって押し出してくれます。

もしかすると、私たちは集合意識として、みんなで一緒にアセンションして行くことになるかもしれません。そうしたら、この「最後の90度ターン」を本番で使うことなく、4次元に移動して行くでしょう。

また、何かが起きて、この方法を使うタイミングが来る可能性もあります。

もしあなたのハートが知りたいと望むのであれば、この方法を知っておくことは決して無駄ではないと思うのです。

いずれにせよ、あなたをアセンションの舳先《へさき》へと押し出すものは、あなたがつねにハートの中に携えている、無条件の愛です。

アセンションは、テクニックやテクノロジーでは成し得ないのです。

ハートから、愛の波動を発振することで、私たちはオクターヴの壁を超えて、次の次元へとアセンションしていき、そこから次々と次元を超えていくことになります。

そのときには、私たちはもう、人間以上の「何か」になっているのでしょう。

特別インタビュー
ダニエル・ミテル　Daniel Mitel
アガシ　Agathi

ダニエル・ミテルとの出逢い

ダニエルに初めて逢ったのは、現行の「ＡＴＩＨワークショップ」と、その前の「アース・スカイ・ハート・ワークショップ」の間の時期に開催された、ドランヴァロの「アドヴァンスト・ワークショップ」でした。

その後も、セドナやメキシコでドランヴァロのワークショップやティーチャー・トレーニングに参加するたびに、ダニエルは必ずそこにいました。細身で背が高く、快活で、ユーモアにあふれるダニエルは、いつもさりげなくドランヴァロの近くにいて、時には、とてもかいがいしくドランヴァロのサポートをしている姿を見かけたものです。

世界中にいるＡＴＩＨティーチャーたちは、みんなハートでつながっている兄弟や姉妹、という感覚がありますが、ダニエルには、特に親しい兄弟のような感覚があり、彼に会うたびに〝♪Daniel, my brother …〟というエルトン・ジョンの曲のフレーズが浮かんでくるのでした。とはいえ、２０１９年に彼の初来日ワークショップのサポートをさせてもらったときに初めて、ダニエルの過去世のこと、この人生でいままで歩んできた道のりのこと、その学びの奥深さ、広大さを知り、また、ドランヴァロとの真に親しく愛に満ちたつながりがわかったのです。

ダニエルは間違いなく、このアセンションの時に必要な光を地上に下ろし、高次の存在たちと私たちをつなげて、私たちに内在するパワーと輝きを思い出すためのサポートを強力に推し進めています。このインタビューにて、少しでもダニエルのエネルギーに触れてもらえることは、私の大きなよろこびでもあります。

そして、ダニエルのパートナーであり、ＡＴＩＨティーチャーであり、素晴らしく魅力のあるパーソナリティを持ったアガシも、後半でインタビューに答えてくれています。

今回、ダニエルとアガシが、この本に載せるためのインタビューを快く引き受けてくれたことに、私は深く感謝しています。

アガシ　Agathi
The School of the Heartのマスター・ティーチャーかつメンター。ハートマス研究所のトレーナー及びコーチでもあり、世界中の人々が自分がほんとうは誰であるのかを思い出すためのサポートを精力的に行っている。

ダニエル・ミテル　Daniel Mitel
The School of the Heart管理者リーダー。卓越した瞑想教師として、世界中で無条件の愛がもたらす内なるパワーを人々に伝えている。ドランヴァロに一番近いところから献身的にサポートしつつ、彼の教えを世界に広めている。太極拳、空手のマスターでもある。

著者

過去世と生い立ち

サラ　ダニエルの初来日ワークショップのサポートをさせていただけて、とても光栄でした。ところで、ダニエルは日本と何か縁があるのですか？

ダニエル　私は日本との関わりが深いんです。浪人たちの大きなチーム全員がハラキリをして、その時、自分のスピリットが肉体から抜け出し、上から自分の身体を見ていた記憶があります。（サラ注：ダニエルは固有名詞は言わなかったのですが、文脈からは、たぶん赤穂浪士のひとりだったのではないかと思われます）

また、神道の神社に仕えていたこともありますし、日本と中国の間を行き来して、中国の偉大なマスターたちと智識を交換し、彼らの教えを日本に伝えていたこともあります。

サラ　では、この人生についての質問をします。

ダニエル　今回の人生での最初の記憶は、1歳を過ぎた頃、母親が洗濯に使っていたプラスチックのバケツをひっくり返して、その上に乗り、そこで結跏趺坐《けっかふざ》を組んで何時間も座っていたことです。
それを見た母親が心配して医者に診せたのですが、何も問題はありませんでした。祖父はキリスト教正教会の高位の神父でしたが、理解のある人で、「この子のやりたいようにやらせておいたらいいよ。健康ならそれでいいよ」と言ってくれたんです。
あとからわかったのは、私は過去生でクリヤ・ヨガをやっていたことでした。（ヨガナンダの師である）シュリ・ユクテスワは、私の血のつながった父でした。
今もクリヤ・ヨガを教えていますが、私にとってそれは、息をするのと同じくらい自然なことです。幼いときから、舌が自然に「ケチャリムドラ」の位置に収まり、それを見た兄に「おバカさんだな～、舌を下ろしなさいよ」と言われていました。いまでもそうですが、「ケチャリムドラ」の位置にないと、かえって舌が疲れてしまうんです。

サラ　舌の先をどこにつけるのですか？

ダニエル　「ケチャリムドラ」は、口蓋の固い部分を超えて、柔らかい部分のさらに向こう側に舌先をあてた状態で保っておきます。（舌をそのようにやって見せてくれる）

サラ　わー、すごい！

ダニエル　私は小さい時から、誰もがこれをできるもんだと思っていたんです。いまでもしゃべってない時は、舌が自然にそのポジションにいきます。

サラ　どんな子ども時代を過ごされましたか？

ダニエル　学校では、本が2時間ほどで読めてしまう子どもでした。速読というか、イメージが見えて、何が書いてあるかわかってしまうのです。のちに、バイオサイバナート研究所※12で測定したら、私の脳波は90％がアルファ波とシータ波なのだということでした。

マスターたちとの出会い

ダニエル　幼い頃は、ルーマニアとカナダに住んでいましたが、二人の教師との出会いから、日本の文化と深いつながりを持つようになっていきました。

自然な流れで、8歳のときにマーシャル・アーツ（柔道、空手など東洋系の武術）を習い始めました。白い胴着が大好きで、着たまま寝たこともあるくらいです。また、禅も大好きでした。ある時、空手のトレーニングが終わったあとで、畳に座って何時間も瞑想している私を見た空手のティーチャーが、私に瞑想をリードするようにと言ったんです。そ

※12　バイオサイバナート研究所：脳波研究の第一人者ジム・ハート博士が主宰する研究所。ドランヴァロのスクール・オブ・リメンバリングとも提携している。

こで、目を閉じて花やクリスタル、星をイメージしたり、ハラや丹田に意識を集中させるといったことをやったのです。これは、私が過去世でやっていたことを追体験するための、とてもよい時期となりました。

それから私は神聖幾何学にとても興味を持つようになり、同時に、人間の身体がどのように構成されているのかということに、深く興味を持つようになっていきました。それは16〜18歳の頃のことですが、その頃の私は裸足でいるのが大好きで、雪の上でも裸足で空手の練習をしたりしていました。

その後、ルーマニアで、レディ・アナという素晴らしいマスターに出会いました。彼女には大いに助けられましたが、彼女に、ドランヴァロというマスターに会いに行くように、と言われたのです。それは1991年のことでした。

私は二つの大学に行き、MBA（経営学修士）を二つ取得して、ビジネスマンとして働いていました。1994年のはじめに、ひとつ目のMBAを取得したのですが、それからチベットに行き、そのあと1999年までチベットにいることになりました。二つめのMBAを取得したのは、その後のことです。

（サラ：ビジネスマンとして訪れたチベットで、雪が降る中を一人で運転していた車が故障して動かなくなり、数日さまよったのちに、いよいよ死を覚悟したところ、チベットの僧院の人々に助けられ、それからダニエルは、5年間もチベットにとどまることになったのです。僧院の人々はダニエルの過去世を覚えていて、みんなダニエルのことを「師」と呼ぶのですが、最初ダニエルは、何のことだか思い出せませんでした。一方ルーマニアでは、ダニエルは天国に逝ってしまったと思われて、お墓までつくられていたそうです！）

ザ・スクール・オブ・ザ・ハート

ダニエル　ドランヴァロと出会ってからは、私はどんどんメルキゼデク意識とワークするようになっていきました。地球全体を守護している12人のメルキゼデクから成る評議会のメンバーたちと会ったことも数回あります。

1993年に私はカナダに瞑想のスクールを設立し、また2015年には、ザ・スクール・オブ・ザ・ハートの管理者リーダーに任命されました。

私がザ・スクール・オブ・ザ・ハート（TSOTH）のワークショップで教えている内容は、基本的にドランヴァロ、レディ・アナ、パートナーのアガシや、アセンデッドマスターのグループの存在たちとともに創り上げたものです。その中には、チベットのマスターたち、カルマ・ドルジェや、テンディン・ドルジェもいますが、やはり中心になっているのは、一緒にワークしているドランヴァロです。

私たちは、いまは地球の広い範囲にわたって多くの人々が、ハートの瞑想を受け入れる準備ができていると感じています。

サラ　ワークショップでも教えてくれた「ハート・イメジェリー」のワークはとてもパワフルで驚きました。

ダニエル　最初にイメジェリー・ワークを私に教えてくれたのは、レディ・アナでした。

彼女は、長いこと目の病気を患っていた人に誘導イメージをしたのですが、それはこんな感じでした。

「目を閉じて、森の中を歩いているところをイメージしてみて。さあ、あなたは森の中の泉にたどり着いたわ。それをイメージで見て、感じてみて。それでは、自分の目を取り出して、泉の水で3回洗ってみて。洗ったら目を戻しましょう」

そうして目を開けたら、なんと、その人の目は完全によくなっていたのです！

レディ・アナは、このワークを「ハートからの視覚化」と呼んでいましたが、チベットのマスターたちはこれを「ハート・イメジェリー」と呼びます。

私にとっては、イメジェリー・ワーク（イメージを使うワーク）をレディ・アナと一緒におこなったことは、とても大きなことでした。残念ながら、イメジェリー・ワークの偉大なマスターである、イスラエルのコレット・シムハー・アブールカー・ムスカット※13とは会う機会がありませんでした。ちなみに、ドランヴァロは彼女と会っています。

ドランヴァロのこと

サラ　ドランヴァロと初めて会った時の体験はどのようなものでしたか？
ダニエル　私のドランヴァロの第一印象は「とにかく他の人とは違う」ということでした。彼は、身体の中にいても、いなくても、そのエネルギーがまったく変わらない感じなのです。そして、クロヒョウとか、トラとかピューマとか、柔軟性に富んだ大型のネコ科の動

※13　コレット・シムハー・アブールカー・ムスカット（1909−2003）：6千年の歴史を持つ女性性カバラのイメージワークの継承者。このパワフルな教えを授かるために、彼女のリビングには政界や医学界など、あらゆるジャンルの人々が訪れ、イスラエルの花と謳われた。クローデット・メルキゼデクの師であり、『夢見る力』（ナチュラルスピリット）の著者キャサリン・シェインバーグは、コレットのもとで直接学び、一緒にワークをしていた。

物みたいな印象でした。音を立てず、周りのエネルギーを惹きつけながら、柔らかく動く、という感じなのです。この間セドナで一緒に食事をしたときも、周りの人たちがみんなドランヴァロを見るんですよね。

サラ　あのエネルギーは何なのでしょうね。ドランヴァロは、いつも磁石みたいに人々を惹きつけますよね。男性も女性も、みんな恋に落ちてしまう感じです。

ダニエル　ドランヴァロは、私をフラワー・オブ・ライフ協会の仲間になるように誘ってくれたのですが、なぜか私のハートは、それに対して「Ｙｅｓ」と言わなかったんですね。それで、少し距離を置いていることになりました。とはいえ、ドランヴァロのコロンビアやニュージーランドへのセイクレッド・ツアー（聖なるセレモニーをおこなう旅）には同行しました。

たぶん私は人間のエゴが得意ではないのです。エゴがあると、あれも欲しい、これも欲しい、になってしまいますよね。ですから、政治的な団体からも招かれたりするのですが、それも断っています。

私は私なりのやり方で、ドランヴァロのサポートやワークがしたかったのです。それで、フラワー・オブ・ライフ協会のファシリテーターにはならずに、その時期は、禅の瞑想のワークショップや、クリヤ・ヨガ、イメジェリーのワークショップを開催していました。

世界中のハートのワーク

ダニエル　1991年に、ドランヴァロは「そうやって世界中をまわるなら、ハートに関する体験をすべて記録してきてほしい」と私に依頼したんです。ドランヴァロには、私が世界中をまわることになるのが見えていたのでしょうね。そこで私は、あちこちでワークショップを開催するたびに、それぞれの場所での体験を記録していきました。

ギリシアのアトス山でのハートの瞑想や、イランのハートのミスティック・ダンス（神秘のダンス）。これはサマーダンスといって、みんなでずっと踊り続ける有名なフェスティバルです。それから、スペインの聖テレサのハートの方法や、南米のシャーマンからも教えてもらったことがあります。

ドランヴァロからもらったアドバイスは、まずそれぞれの場所でマスターたちから教えてもらったら、今度はそれを自分で実践してみる。それから、人に教える、ということです。けれども、スピリチュアルな世界では、多くの人がその真逆をやっているかのようです。まず先に教え始めてしまい、それから自分で実践して、そのあとでマスターたちに教えを乞いに行く、という順番になっていたりします。そうすると、重要な段階をすっ飛ばしたりしてしまうのです。

時がきた

ダニエル　２００８年か２００９年にドランヴァロと話したとき、「時がきたよ」と言われたんです。マスターたちによって地球の周りにキリスト意識のグリッドが完成したことを聞いた時から、遅かれ早かれ「ＡＴＩＨワークショップ」が始まるだろう、と予感していましたが、実際にそうなりました。

サラ　「ＡＴＩＨワークショップ」の前には、ドランヴァロはユニティブレス瞑想のワークをやっていたんですよね。

ダニエル　そうですね。彼は、「アース・スカイ・ハート・ワークショップ」を開催していました。それは、とてもよいタイミングで開催されていたと私は思います。瞑想をしたことがない人々に、アセンションということの第一歩を教えるための、とてもよいワークでした。それは、スピリットからの呼びかけの小さな声に対する、ドランヴァロが提供する最初の一歩だったんです。同時に、多岐にわたる情報をまとめて得ることができるワークでもありました。そのあとに始まった「ＡＴＩＨワーク」は、素晴らしくよく構成されているワークショップですね。

日本で開催したワークショップの印象

サラ　日本で開催したワークショップの印象を聞かせて下さい。

ダニエル　初来日ワークショップとなった２０１９年７月のワークでは、聖テレサのワークの際に、彼女が大きな光の柱となって現れて、それはものすごい光でした。私は汗をかき、ワークが終わったあとには、まるで日焼けしたようになってしまいました。これは一度トロントで起きましたが、それ以外では起きたことがありません。

このワークショップは、私にとって大きな啓示を与えられる体験となりました。そして、参加した日本のみなさんにとってもそうでした。ビジネス用語で言えば、WIN・WIN な体験でしたね。私のハートは高められ、それは大いなるWINでしたし、日本のみなさんのハートも大いに高められ、これまたWINでした。

また、2020年になって、あらためて思うことは、日本には真の目覚めが起きていることです。ドランヴァロが過去に日本でやってきたワークと合わせて、いまサラがやっているワークは、その目覚めのために大いに役立っていることを感じます。2019年に私は4つのワークをおこない、9人のTSOTH（ザ・スクール・オブ・ザ・ハート）のティーチャーが日本に誕生したことをとてもうれしく思っています。しかもそれは、非常にパワフルなワークである、「ハイアーセルフ」ワークショップのティーチャーたちです。

サラ　アガシの印象も聞かせて下さい。

ダニエル　アガシは、3つめのWINだね。3つのWINは、美味しい食べもの、ワークショップ、そして日本の人々、ということかな（笑）。

サラ　アガシも、ワークショップの中で、とても大切な情報を伝えてくれましたね。

アガシ　日本のみなさんは、何とも言いがたい、柔らかいエネルギーを持っていて、新しい視点や体験に対してオープンで、聞く耳を持っている、と感じました。それはとても素敵で、私自身楽しむことができました。

アガシの気づきの旅

サラ　あなたの今までの人生のこと、ダニエルとの出会いなど、よかったら聞かせて下さい。

アガシ　私たちは、成長するにつれて、記憶に色づけがされてくるように思います。

　私の育った社会や、育てられ方によるのかもしれませんが、私はかっちりとした構造の中に入れられていると感じていました。または私自身が、成功するためには、その中にいなければならないと感じていたのかもしれません。私は、自分が欲しいものがいつもわかっていましたし、それを疑ったこともありませんでした。だからなのか、私は無茶なジャンプはしないけれども、確実に流れに乗って行くんです。そして、ある時点で「オーケー、3次元の世界でやるんだったら、私、ちゃんとやれてるじゃない」と思ったのです。

サラ　アガシは弁護士なんですよね。日本でも、弁護士になるためにはすごく勉強が必要だし、一握りの人しかなれないのですが。

アガシ　私は、どんなことでも可能だと信じているんです。最初は、政治科学や政治学、歴史を勉強したのですが、私が興味を持っていたのは、世の中における正義についてでした。なので、私はずっと弁護士になりたかったのです。そこで、政治科学に続いて、法律の勉強を始めたんです。前より少し頑張らなくてはいけませんでしたが、難しいことはありませんでした。難しいかどうかは、頭が判断することですから。

　私は子どもの頃から、自分のハートは何と言っているのかに、耳を澄ませる習慣がありました。そのおかげで、何をやっても、いつもしあわせでした。自分がしあわせである、ということが「いま自分がやっていることは大丈夫」と確認させてくれるんです。

サラ　つまり、あなたはいつも自分自身の感情や感覚を信頼していたということですね。

アガシ　そうなんです。いつも直感が私を導いてくれるんです。

　ある時、マインドがやりなさいと言うことを全部やってみたことがあります。でも、満足できませんでした。おかしいな、満足できるはずなのに。

　そして、自分が見逃しているものがあることに気づいた瞬間、新しい扉が開かれたのです。そのとたんに、すべてのものが流れ込んできました。

そして、私はスピリチュアルなワークショップに導かれました。

そういうものに参加するのは初めてでしたが、そこで聞くことはどれも腑に落ちることで、すでに自分の中にあるものだったのです。その時から私は瞑想を始めました。週に一度集まって瞑想するグループがあり、また、家でも一人で瞑想していました。

私は誰なのか、私は何を見るのか、いま何が起きているのか、自分自身の体験を通して理解する、ということが私に共鳴しました。現在は人に教える立場になりましたが、いつもみんなにこう言っています。

「人が教えてくれることではなく、自分が実際に体感や体験したものこそが、あなたにとって必要な教えです」と。

その考えは、今も変わりません。聞いても、それが自分に共鳴するものでなければ、私は取り入れることをしません。このことは、自分は誰であるのか、宇宙の真実とは何なのかを理解するために、最も大切なポイントだと思うんです。

故郷への帰還

サラ　そして、何かがあなたをATIHワークへ、ダニエルへと導き、新たな扉が開いたのですね。

アガシ　そうです。瞑想を始めた頃に、もうひとつやっていたことは、ドランヴァロのインタビューや、Q&Aの動画を観ることでした。ドランヴァロがハートに語りかけてくるように感じ、共鳴を感じました。

私はワークショップに参加したり、スピリチュアルな旅に出たりということに惹かれることは、それまで一度もなかったのですが、ドランヴァロの動画を観ていたら、彼のワークショップに惹きつけられている自分に気づきました。セドナに行きたいと思いましたが、遠方だし、仕事もあるし、それは難しいことでした。人生におけるさまざまな変化も起きているときで、まあ、いつか行くんだろう、とは思っていたんです。

そうしていたら、エジプトで「ATIHワークショップ」が開催されることを知ったのです。ギリシアからエジプトはとても近く、飛行機で45分で着きます。このワークショップをダニエルが教えていたんですが、誰が教えるのか知らなかったし、興味もありませんでした。ただ、今まさに時がきた、と感じて、ワークショップに参加したんです。参加してみて、ここが故郷だ、と感じました。

ダニエル　先生がよかったんじゃない？（笑）

アガシ　「ＡＴＩＨワークショップ」に参加したあとに、その人の人生が魔法のように変化するのは、よく見ることですが、実は、参加する前から人生は変わり始めているんですね。一番大きなステップは、その人がこのワークショップにたどり着いたことなんです。

その大きな一歩をすでに踏み出したのなら、あとは流れに乗って、行くべき方向へと行きますよ、と。ただ、いまだに私たちは男性性のエネルギーの中にいることが多く、流れを感じて、流れに乗って行くことが難しかったりします。

最終的には、自分自身を信頼する、というところに行き着きます。その信頼は、まず自分自身を知ることから生まれます。明日がどんな日になるのか、何が起きるのかは、誰にもわかりません。そして、それは大事なことではないんです。**大切なのは、いま自分はどこにいて、自分の中の真実や誠実さのもとに自分が何を感じているか、ということです。**

この惑星における最初のステップは、スピリチュアルな覚醒です。自分が電気的かつ化学的な物質の体以上のものであることを知り、ハートとつながることです。

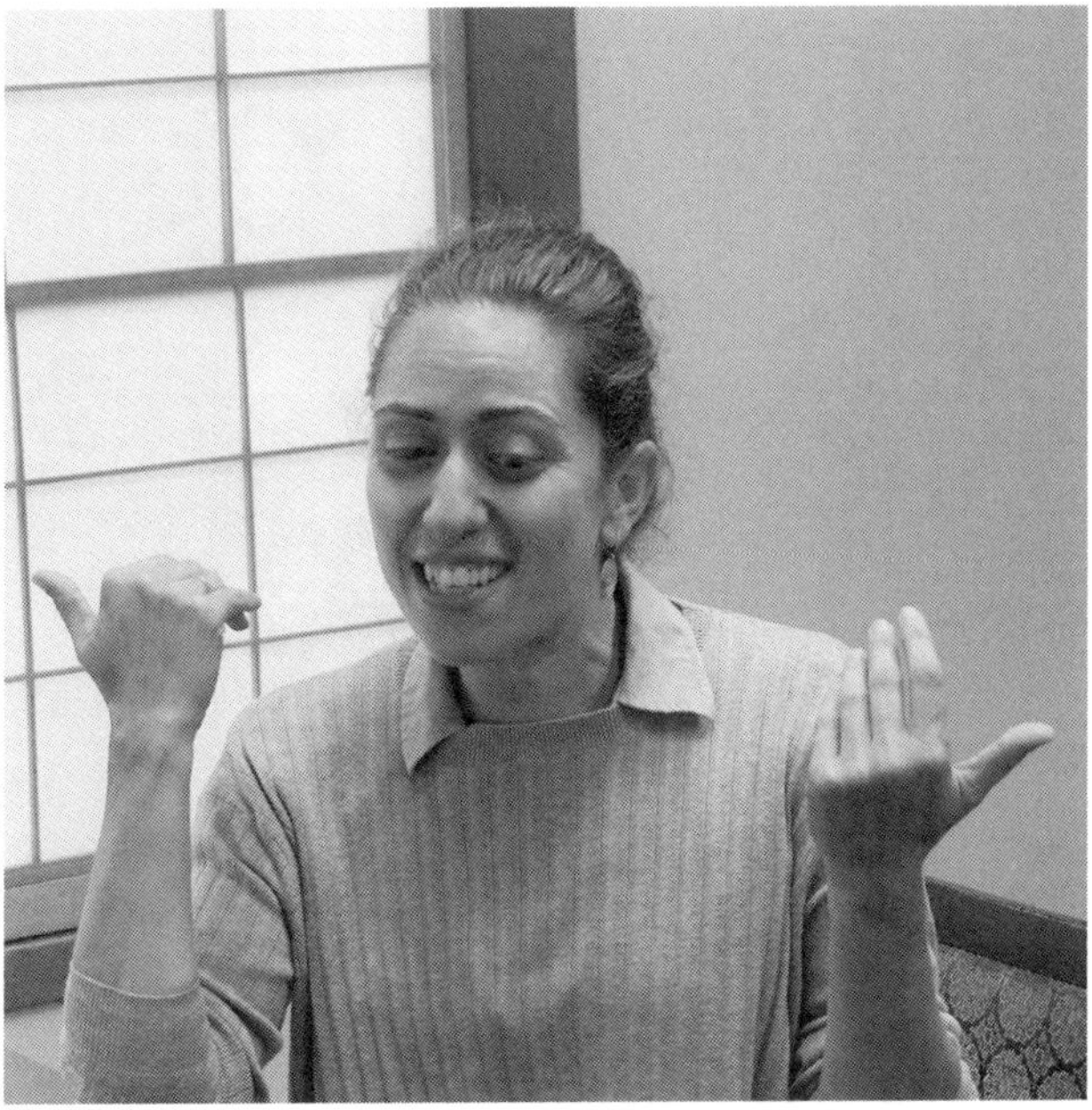

人が教えてくれることではなく、
自分が実際に体感や体験したものこそが、
あなたにとって必要な教えです。
大切なのは、
いま自分の中の真実や誠実さのもとに
自分が何を感じているか、
ということです。

アセンションとは何か

サラ　あなたにとって、アセンションとは何ですか？

アガシ　つながっていること、ユニティとのつながりを取り戻していること。そこから自分が成長し、広がっていき、自分も人も、さまざまなものも、どんどん包含していき、三次元を超えて行く。私にとって、アセンションのイメージや理解は、そういう感じです。禅で言われるような、ある時突然覚醒して、すべてを知ることもあるでしょう。けれどもその一瞬の覚醒の前には、何千年もの準備の期間があるのかもしれません。花が咲くのと同じように、それは完璧なタイミングで訪れます。

ダニエル　それぞれの惑星ごとに、明確なアセンションのプロセスがあります。

この惑星における最初のステップは、スピリチュアルな覚醒です。自分が電気的かつ化学的な物質の体以上のものであることを知り、ハートとつながることです。

次の次元である4次元に行くと、状況は変化します。4次元へ行く方法としては、アセンション、復活、死、という3つの選択肢があります。

4次元における成長、またはアセンションは、ここことはまったく違うことになります。広範囲の領域にわたるトレーニングを体験することになります。

それは、自分のパーソナルなハイアーセルフとのトレーニングから始まり、その後、メルキゼデクの大学に行きます。それから聖なる生命のスクールに行き、星系の本部でも特定のトレーニングが待ち受けています。それから、星系の支部へ、そしてスーパー・ユニヴァースにも行きます。やがて、神秘家たちが「楽園の島」と呼ぶ、神の住む場所へと行きます。そこは、時空間の存在しない10億もの世界に取り巻かれた、有名な「楽園の島」です。あなたは、そのひとつひとつの世界に住む、不死の光の球体の存在たちとトレーニングしながら、10億すべての世界を体験し、最後に「楽園の島」に行き着きます。

サラ　ワオ、それでは、アセンションのプロセスは果てしなく続くんですね。

ダニエル　そう、果てしなくて、たぶん、無限のプロセスだと言えます。

アセンションについては、いろいろな説があって、人によっては、お金を出して買うようなアセンションもあるようですけれども（笑）そういうものではありません。

アガシ　みんな、手っ取り早い解決策がほしいのよね。

ダニエル　**アセンションを100％とすると、いまこの惑星で起きているのは、その0・2％に過ぎません。**1％にすら及ばないのです。99・8％は残ったままなのです。

サラ　その99・8％はどうなるのでしょう？

ダニエル　とにかく、さっき説明したステップを踏んで行くことです。少なくとも100以上の学び場を通過して、自分のボディをアップグレードして行くんです。そのうちに「楽園の島」をとりまく10億もの世界へとたどり着き、そこからどのくらい時間がかかるのか、もうわかりません。

（私たちは3次元から）直接5次元に行く、と言っている人もいるそうですが。

サラ　たしかに、そういった話はよく聞きますよね。

ダニエル　彼らが言っている5次元って、何を指しているんだろう？　どの星系システムの支部のことを言っているのでしょうか。そもそも、5次元とは何ぞや、ということですよね。

たしかに、ドランヴァロは最初の12の次元のことや、そのひとつひとつの次元に12のオクターヴがあることに言及しています。144の次元のことにもね。

けれども、私たちが限られた頭脳を使って、アセンションに数字をあてはめるのは、どうなんでしょうか。１００の次元があるとか、１４４とか、マインドははっきりしたことが好きだからね。けれども、アセンションとは、マインドで理解できる程度のことではないんです。その程度のことがアセンションなら、私たちはアセンションしてもまだ、お猿さんのままでしょう。

日本人がいま取り組むこと

サラ　日本の人々へのメッセージは何かありますか。

ダニエル　日本人は、大変興味深い、思考体と信念体系、感情体や各ボディを持っている民族です。道を歩きながら見ていても、バランスの取れている人が少ないんです。一方では、とても論理的で、ＩＴ系だったり、車関係だったり、非常に有能だけれども感情体があまり機能していない人たちがいます。そしてもう一方では、とても感情的で、トラウマをたくさん抱えている人々がいます。禅で言うところの「中道」を行く人がいなくて、どちらかに極端に偏っている印象です。こういう国は珍しいのです。私の記憶では、たしかスイスがこういう感じでした。ただ、スイスと違うのは、日本はとても強力な文化を有している、ということです。

日本にとっての次のステップは、もう少しバランスを取り戻すことです。母なる地球とつながり、ハートとつながることでバランスを取ること。

「ATIH」や「内なる道」「ハイアーセルフ」といったワークショップをツールとして使うことで、多くの側面において、日本人がバランスを取り戻すことの助けになります。

また、ハートに入るためにマインドを使う方法は、日本人に向いていると思います。

それから、性エネルギーのバランスとチャクラのバランスを取ることですね。また、ハートからの創造の方法に関していえば、日本人にとっては、男性的な方法よりも女性的な方法の方が重要だというのが、私の意見です。こういったことがすべてうまく機能するようになると、日本人はとても簡単にハイアーセルフとコミュニケーションをとる準備ができたと言えるでしょう。

サラ　いずれにせよ、ハイアーセルフとつながるためには、バランスをとることが大切なんですね。

ダニエル　たとえば、ワークショップに参加する人が50人いるとして、その中の10人はちゃんとハイアーセルフとコミュニケーションができているけれども、残りの40人に関しては、どうかな、という感じですね。

いま言ったようなことが効果的なのではないかと、個人的には思っています。

2020年、そしてこの先の未来

アガシ　**私たちが変わりたいと思っても、変わりたくないと思っても、いずれにせよ、すべてが変化していきます。**ですから、変わりたくないと思っているのに変化が起きてしまうより、自分から変わろうと思って変化していく方が楽ですよね。

日本人は準備ができていると感じます。日本の人は何かを始めるときはためらいがありますが、いざ始めたら、やり続ける人たちですよね。ですから、基本であるハートにつながるというステップさえ取れば、あとは起こるべきことが起きてきます。もちろん、世界中の人々にとって、それは同じなのですが、日本人の性質として有利なことは、いったんそこに踏み入れれば、そのまま行くことができる、という点です。世界の人々が抱える問題の多くは、いざ踏み出しても、また戻ってしまう。行ったり来たりしてしまう、ということなんです。日本人はそのまま飛翔することができるのです。

ダニエル　2020年は、男性性のエネルギーから女性性のエネルギーへの変遷に関する、特定の役割を担っている年です。私たちがいままでとは違うやり方で、見て、感じて、感知したいと思うなら、2020年という年は、そのために私たちが開かねばならない「扉」であると言えます。

いままでとは違うやり方というのは、論理やマインド、エゴからではないやり方、ということです。個人レベルでも、社会的なレベルにおいても、多くの変化がやってくることが見えています。私たちはそれを理解し、受け入れる必要があります。

一番最近のドランヴァロとの会話からも、高次の存在たちからの多くのヘルプがありますし、人類がよりよい方向に向かい、新しいエネルギーを受け入れることは、もう誰にも止めることができない、ということがわかっています。

ドランヴァロからのメッセージ

ダニエル　特別に許可を得て、ドランヴァロからもらった、彼から日本の人々への短いメッセージをお伝えしましょう。

「私があなた方を愛していることをどうか忘れないで下さい。私のハートは、いつもそこに、みなさんとともにあります」

ダニエルからのメッセージ

ダニエル　そして、私からのメッセージです。

「ドランヴァロと同じように、私も日本のみなさんを愛しています。日本の文化と歴史は、私の血の中にも流れています。日本のみなさんが苦しんだときには、私も一緒に苦しみました。福島の事故が起きたときには、この国を助けるためにやって来ました。私もまた、みなさんのハートの中にいます。この美しい島、美しい生命をとても楽しんでいます。そして、日本の人々は人類のお手本となっていくと感じています。ありがとう」

サラ　ダニエル、アガシ、ほんとうにありがとうございます。

あとがき

ここ十数年の間、アセンションに関して私が学んできたこと、体験してきたことを伝えたい、という気持ちから書きはじめたこの本ですが、いざパソコンに向かってみると、その情報の膨大さ、深遠さに、いったいどこから、何を書けばいいのだろう、と立ち止まってしまうこともしばしばでした。

書き進めながら気づいたのは、何よりも大切なのは、いまこの本を読んでくれているあなたが、「自分もアセンションの扉を開けてみよう」という小さな勇気を持ってくれる、ということです。扉の向こうでは、広大な宇宙が小さなハートの空間の中にすっぽりとおさまっていて、私たちの帰還を待っています。そこに帰ることで、ほんとうは自分が誰であるのかを思い出し、あなたの真のラブストーリーがはじまります。

いずれにせよ、私たちは大いなるアセンションのタイミング、大いなる変容の中にありますから、どうせなら宇宙のはからいと自分自身とを信頼して扉を開き、このアセンションの旅を楽しんでいきましょう。
　私たちは、一人ひとりのハートの中に、宇宙をも創ってしまう無条件の愛のパワーを携えています。どうか、そのことを忘れないでいて下さい。
　そして、生きたフラワー・オブ・ライフとなって、ハートの中で親しくつながり、一緒にアセンションの旅を体験していきましょう。

『ダイヴ！intoディスクロージャー』に引き続き、本書の出版を快諾してくださった石井健資社長、今回も素晴らしい編集でサポートしてくださった小塙友加さん、素敵なイラストを描いて下さったemmaさん、楽しいマンガで内容をわかりやすくしてくださったyae worksさん、ダニエルとアガシのインタビューを通訳してサポートしてくださった五十嵐多香子さん、この本ができ上がるまでに関わってくださったすべての方々に、そして、いつもあふれんばかりの愛をもって見守ってくれている存在たちに、ハートの深いところから感謝を捧げます。

2020年早春の東京にて　横河サラ

ダニエル・ミテル　Daniel Mitel

卓越した瞑想教師として世界を旅している。古代チベット、シュメール、ヴェーダの霊的神秘学派などを起源とするHeart Imageryの体系を現代にもたらす。長年、チベットの高僧のもとで修行を積むとともに、OSHO、ダライ・ラマ、ババジ、ラヒリ・マハサヤ、シュリ・ユクテスワ、アナ・プリコップ、アナスタシア、ドランヴァロ・メルキゼデクなどに幅広く学ぶ。禅、武道、プラーナヤーマ、中世神秘主義ヘシカズム、スーフィズム、先住民族の伝統そのほかあらゆる体系の瞑想をきわめ、すべてに共通するハートの無限のパワーに気づく。1981年に禅の瞑想指導を開始、2015年、The School of the Heartの管理者リーダーに任命される。さまざまなセミナーやワークショップを通じて、ハートの無条件の愛がもたらす内なるパワーを人々に伝えている。

ドランヴァロに一番近いところから献身的にサポートしつつ、彼の教えを世界に広めている。太極拳、空手のマスターでもある。さらにハートマス研究所のGCIアンバサダーでもあり、そのほか多方面の活動に取り組む。

著書に、『ハートへの旅』（ドランヴァロ・メルキゼデクとの共著／ナチュラルスピリット）、

『This Now Is Eternity』『Heart Imagery: A Path to Enlightenment』『The Melchizedek Teachings: The Higher Self and the Ascension Process』（いずれも未邦訳）がある。

［ウェブサイト］www.danielmitel.com

アガシ　Agathi

講演家、ワークショップ・ファシリテーター、コーチ。

The School of the Heart のマスター・ティーチャーかつメンター。

またハートマス研究所のトレーナー及びコーチであり、個人、企業、エグゼクティヴへの優れたプログラムを提供している。

個人のパフォーマンスと回復力を向上させるトレーニングを世界中で提供する、卓越したトレーナーたちのグループ・Motivate-Yourself（モチベート・ユアセルフ）の共同創立者でもある。

セミナーやワークショップでは、人々が自身の感情の状態に気づき、自らコントロールすることができるようになることにフォーカスし、真の叡智とワンネスへの扉であるハートの重要性を伝えている。世界中の人々が自分がほんとうは誰であるのかを思い出すためのサポートを精力的に行っている。

スピリチュアルな世界のみならず、弁護士としてビジネスの場や社会の価値や可能性に対する明晰な視点を持つ。特にひとりの母親として、家族関係や社会における女性に対する負荷、女性が担っている多くの役割についても深い理解を持っている。

アテネのパンテオン大学にて政治科学と歴史の学位を取得し、英国レスター大学にて法律の学位を取得している。

［ウェブサイト］http://agathi.net

横河サラ　よこかわ さら
ドランヴァロ・メルキゼデク ATIH 公認ティーチャー
スピリチュアル・ファシリテーター
ミュージシャン、翻訳家

5歳からピアノを習いはじめ、音楽とともに育つ。

ピアニスト／キーボーディスト、コンポーザー、ヴォーカリストとして、スタジオワークやコンサートツアーに多数参加。

ミュージシャンとして仕事をする間も、スピリチュアルな探究への憧れはやむことがなかった。

2007年、ドランヴァロ・メルキゼデクと彼の妻であるクローデット・メルキゼデクの教えに出逢い、本格的にスピリチュアルな探究が始まる。

その後、ジェームス・ハート博士のアルファウェイブ・トレーニング、キャサリン・シェインバーグのスクール・オブ・イメージズ、トム・ケニオンのサウンド・ヒーリングのメソッド等から得た学びを自身のスピリチュアル・ライフへと取り入れていった。

2009年、すべての記憶を保持しているオラクル、ジェニファー・ポサダに出逢い、深く影響を受ける。

最近では超最先端のディスクロージャーにも精通しており、幅広い活動で知られる。

脈々と続いてきた洗脳の箱から出てハートから生きること、マカバを回し、フラワー・オブ・ライフを一人ひとりが生きるために精力的に活動中。

日々の瞑想や体験を通して、つねにより深いところへと、スピリットとしての探究を続けている。

訳書『あなたはすべての答えを知っている』（ジェニファー・ポサダ著／徳間書店）

著書『ダイヴ！ into ディスクロージャー』（ヒカルランド）

「内なる宇宙船＝マカバ」に乗って
ダイヴ！into アセンション
次元突破 最後の90度ターン

第一刷 2020年2月29日

著者 横河サラ
対談 ダニエル・ミテル

発行人 石井健資
発行所 株式会社ヒカルランド
〒162-0821 東京都新宿区津久戸町3-11 TH1ビル6F
電話 03-6265-0852 ファックス 03-6265-0853
http://www.hikaruland.co.jp info@hikaruland.co.jp
振替 00180-8-496587

本文・カバー・製本 中央精版印刷株式会社
DTP 株式会社キャップス
編集担当 小塙友加

ISBN978-4-86471-852-3

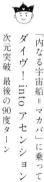

◆ ATIH ワークショップ

ドランヴァロ・メルキゼデク創設のスクール・オブ・リメンバリング（School of Remembering～思い出すための学校）によるワークショップ。
ATIH とは、Awakening The Illuminated Heart の略です。これは、輝けるハートに目醒めること、光明を得ること、悟りを開く、といった意味を持っています。ハートから生きることを思い出し、ハートから生きているエネルギーフィールド・マカバを活性化させ、ハートからの創造のプロセスを思い出していく4日間のワークショップです。東京を中心に各地で ATIH ワークショップを開催中。

◆ スピリチュアル勉強会（隔月開催）

毎月テーマを決めて、大切なことをわかちあい確認しあう時間。

プラーナ呼吸、ユニティブレス瞑想、ハートの瞑想の他に、クリスタルボウルやサウンドメディテーションもふんだんに取り入れ、癒しの波動を全身で感じていきます。

◆ 個人セッション

ハートの中にたずさえているブループリントを思い出し、スピリット本来のエネルギーによって生き生きと感覚や感情を味わいながらこの星の上でフルに生きていくことを力強くサポートしています。

◆ 夏至と冬至のダンス・イン・ザ・ダーク

夏至と冬至を祝い、暗くした部屋で、踊って、笑って、瞑想する毎年恒例の人気企画。

◆ 軽井沢セミナー

深い森の中で心とからだとスピリットに滋養を与えるひとときを

◆ 秘密のディスクロージャー café

日々更新されていくディスクロージャーの最新情報お話会を癒しの空間「イッテル珈琲」で定期開催中！

シープルから目覚め、真の自分を思い出す〝RED PILL〟はいかが？

ブログ「氾濫する情報の向こう側へ」

横河サラ .com
Sarah Yokokawa's Website
http://sarahyokokawa.com/

Sarah Yokokawa

横河サラ

活動紹介

創造主のスパーク（火花）である私たちは
肉体やライトボディをまとったスピリットとして
この三次元のリアリティを生きています。

スピリチュアルとは
「本当の自分を思い出し、本来のスピリットとして生きることを思い出す」
ということに尽きるのではないでしょうか？

私はいったい誰なのか？
いったい何処からやって来て、何処へ行こうとしているのか？
この美しく青く輝く星の上で、何をしようとしているのか？

もし、あなたの中にこのような質問があり、答えを探しているのなら
その答えを見出すための時間と空間を少しだけわかちあいませんか？
実は、答えはすでに私たちひとりひとりの内側に、ハートの中にあります。
ハートはいつだって、そのドアをノックされるのを待っています。

神楽坂♥《ハート》散歩
ヒカルランドパーク

『ダイヴ！ into アセンション』の出版を記念して
セミナーを開催します

講師：横河サラ

「神聖幾何学はあなたの中にあります」

キリスト意識のグリッドにつながって、フラワー・オブ・ライフとともにハートから生きる生き方へ、私たちは加速度的にシフトしている真っただ中にいます。

一人ひとりが内なる男性性と女性性のバランスをとり、ハートから脳を使うときがきています。

セミナーでは、ハートの中に入って「ハートの聖なる空間」を体感していく瞑想も行います。横河サラさんのナビゲートで、宇宙とつながるひと時を濃厚に過ごしましょう。

ぜひ、あなたの身体を持って会場にいらしてください。

また出版記念セミナー終了後、ヒカルランドが誇る癒しの超空間「イッテル珈琲」に移動して、横河サラさんを囲んでの懇親会も予定しています。

懇親会はお席に限りがありますので、お早目にお申し込みくださいませ。

日時：2020年７月５日（日）　開場：12時30分
　　　セミナー：13時～15時　懇親会：16時～18時
会場：セミナー／ヒカルランドパーク７F
　　　懇親会／イッテル珈琲
料金：セミナー　6,000円（定員70名）
　　　懇親会　4,000円（煎りたて珈琲とお菓子付き）（限定15名）
申し込み＆詳細：ヒカルランドパークHP

ヒカルランドパーク
JR 飯田橋駅東口または地下鉄 B１出口（徒歩10分弱）
住所：東京都新宿区津久戸町3－11 飯田橋 TH１ビル 7F
電話：03－5225－2671（平日10時－17時）
メール：info@hikarulandpark.jp　URL：http://hikarulandpark.jp/
Twitter アカウント：@hikarulandpark
ホームページからも予約＆購入できます。

秘密のディスクロージャーCafé
in イッテル珈琲

世界のディスクロージャームーヴメント・最先端情報を分かち合う秘密の会！（少人数制）。ラドン温泉より高濃度ラドン浴ができるヒカルランドが生んだ奇跡の空間「イッテル珈琲」を貸し切っての秘密のお話会です。

「わたしたちは、宇宙の設計図である神聖幾何学を生きるためにまず、真実を知る必要があります。
そして二極性の脳の中ではなくて、ハートに戻っていくのです」

長きに渡り人々をコントロールし、眠ったままの都合のよい羊たちを飼いならしておきたい存在たち。このディープステートと呼ばれる存在とその裏にいた宇宙存在による支配とコントロールの長い長い支配構造が崩壊寸前です。

高次元宇宙存在からのメッセージと隠され続けた真実とは!?

横河サラさんと一緒に、煎りたて珈琲を飲みながら濃厚な時を過ごしましょう。

非常にエキサイティングな最新情報、ドランヴァロ・メルキゼデクからの情報ともすり合わせ、ハートに響いた情報を伝えてくれる、ここだけの話連発の超濃厚秘密の会です。

秘密のディスクロージャーCafé　in イッテル珈琲

ナビゲーター：横河サラ

日時：2020年4月4日（土）／5月30日（土）

13時開場／13時30分～16時30分

※以降の開催日はヒカルランドパークHPでご確認ください。

料金：15,000円（煎りたて珈琲とお菓子付き）

会場：イッテル珈琲　申し込み：ヒカルランドパーク

イッテル珈琲

〒162-0825　東京都新宿区神楽坂 3-6-22　THE ROOM 4 F

ヒカルランド　好評既刊！

地上の星☆ヒカルランド　銀河より届く愛と叡智の宅配便

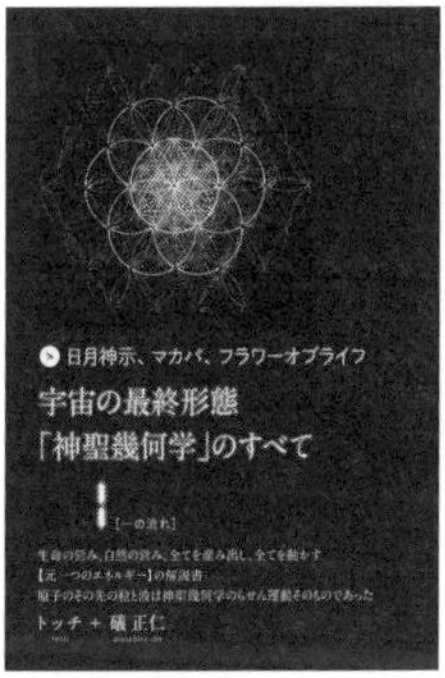

宇宙の最終形態
「神聖幾何学」のすべて１
[一の流れ]
著者：トッチ＋礒 正仁
四六ハード　本体2,000円+税

宇宙の最終形態
「神聖幾何学」のすべて２
[二の流れ]
著者：トッチ＋礒 正仁
四六ハード　本体2,000円+税

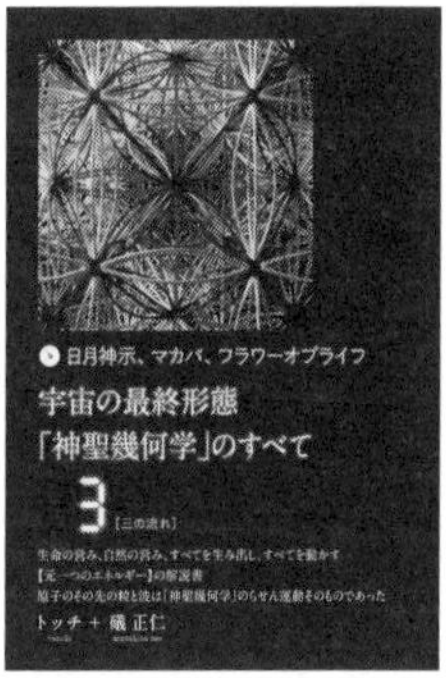

宇宙の最終形態
「神聖幾何学」のすべて３
[三の流れ]
著者：トッチ＋礒 正仁
四六ハード　本体2,000円+税

宇宙の最終形態
「神聖幾何学」のすべて４
[四の流れ]
著者：トッチ＋礒 正仁
四六ハード　本体2,000円+税

宇宙の最終形態
「神聖幾何学」のすべて５
[五の流れ]
著者：トッチ＋礒 正仁
四六ハード　本体2,000円+税

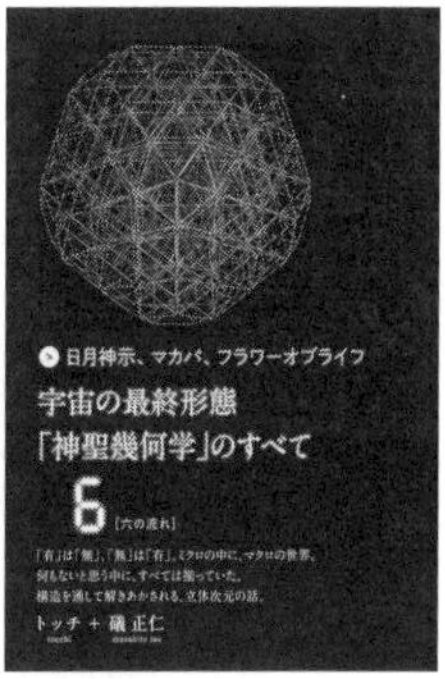

宇宙の最終形態
「神聖幾何学」のすべて６
[六の流れ]
著者：トッチ＋礒 正仁
四六ハード　本体2,000円+税

ヒカルランド　好評既刊！

地上の星☆ヒカルランド　銀河より届く愛と叡智の宅配便

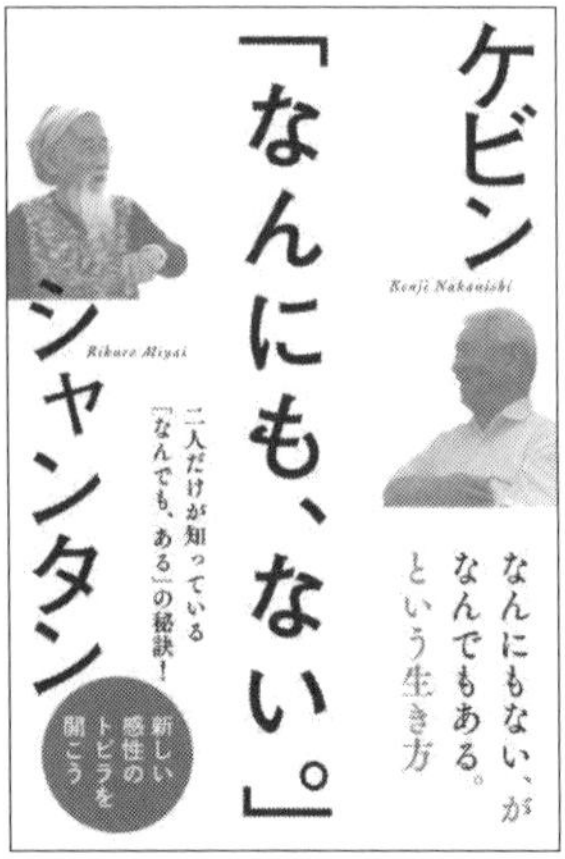

「なんにも、ない。」
著者：ケビン（中西研二）／シャンタン（宮井陸郎）
四六ソフト　本体 1,800円+税

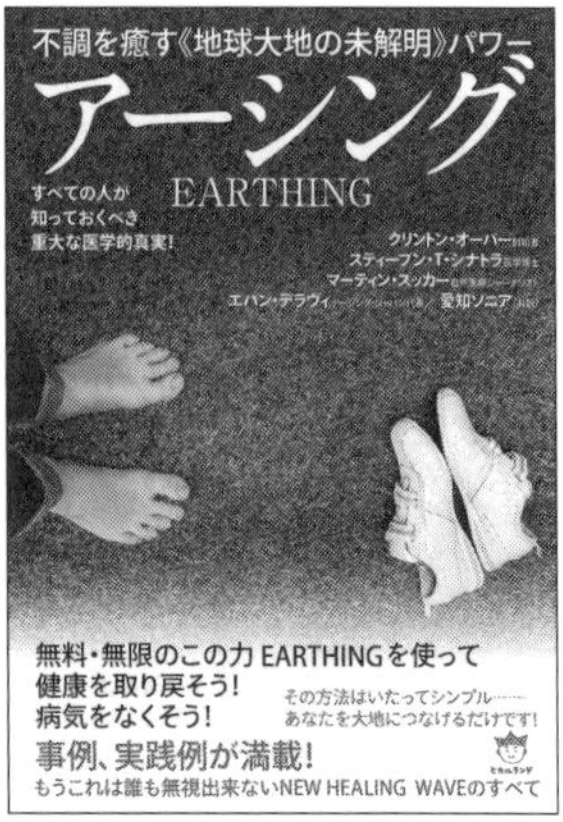

不調を癒す《地球大地の未解明》パワー
アーシング
著者：クリントン・オーバー
訳者：エハン・デラヴィ／愛知ソニア
Ａ５ソフト　本体 3,333円+税

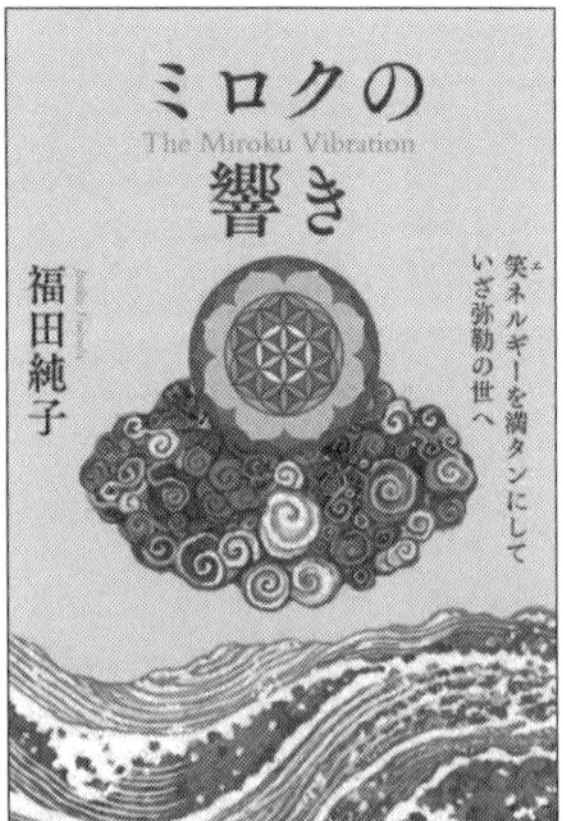

ミロクの響き
著者：福田純子
四六ソフト　本体 1,800円+税

歓喜《よろこび》のアカシック
わたしたちは人間体験を楽しむ霊的存在です
著者：中谷由美子
推薦：ゲリー・ボーネル
四六ソフト　本体 1,851円+税